所有女生要知道

六层楼先生
著

浙江科学技术出版社

版权所有　侵权必究

图书在版编目（CIP）数据

所有女生要知道 / 六层楼先生著 . — 杭州：浙江科学技术出版社，2024.1（2025.6 重印）

ISBN 978-7-5739-0849-0

Ⅰ.①所… Ⅱ.①六… Ⅲ.①女性—青春期—健康教育 Ⅳ.① G479

中国国家版本馆 CIP 数据核字（2023）第 160088 号

书　　名	所有女生要知道
著　　者	六层楼先生
出版发行	浙江科学技术出版社 杭州市拱墅区环城北路 177 号　邮政编码：310006 办公室电话：0571-85176593 销售部电话：0571-85062597 E-mail：zkpress@zkpress.com
印　　刷	天津海顺印业包装有限公司
开　　本	880 mm × 1230 mm　1/32　印　张　11.5
字　　数	210 千字
版　　次	2024 年 1 月第 1 版　印　次　2025 年 6 月第 9 次印刷
书　　号	ISBN 978-7-5739-0849-0　定　价　69.80 元

责任编辑　唐　玲　陈淑阳　　责任美编　金　晖
责任校对　张　宁　　　　　　　责任印务　吕　琰

写给孩子们的一封信

你好，我是老六。

这可不是在故意跟你套近乎，我确实可能比你年长一些。不知道你是通过什么渠道拿到这本书的，但不管怎样，我们就算是认识了。

我必须坦诚地跟你讲，其实我在写这封信的时候还没有彻底完成这本书。要不是出版社的编辑老师催着我赶快交稿子，我还会继续修修改改。就像现在，明明已经完成了，但我还是觉得里面的内容不够全面，还需要补充一些我认为重要的内容。

在我写这本书的过程中，这个状态贯穿始终。从我 2019 年决定给未成年或刚成年的女性写这本书开始，到现在都过去好几年了，它才勉强达到我心目中 80%～90% 的样子。哈哈，如果不是再不交稿子，编辑老师就要到我家盯着我写了，我肯定还要继续打磨下去。

你肯定想问，一本书而已，用得着这么费劲吗？

确实，起初我也觉得很简单，因为我曾经是妇产科医生，有几年临床工作经验。虽然临床工作时间不长，但我也见过各种各样的患者，其中有不少年轻患者。

不就是把那些生理健康问题讲讲就好了吗？但是，当我动笔写的时候，我突然就不会写了。有一大堆问题摆在我面前，因为我并不清楚你现在对女性生理结构、器官功能了解了多少，你对月经、白带的认识到了什么程度，你对疾病、风险的理解有多深入……在巨大的未知面前，我第一次开始怀疑自己。

我过去遇到的很多年轻患者往往是因为已经得病了，已经有实际上的痛苦了，才来医院就诊的。然而，关于在来医院之前，她们对自己的认知，对自己身体的了解，对疾病、健康、风险和保护的理解，我是一无所知的，我能做的就是治病。

可是，她们离开医院之后呢？

于是，我陷入了新的焦虑之中。我一方面怀疑自己，另一方面又感觉背后有一股力量推着我去加快写书的进度。就这样，我硬着头皮开始写。结果等我真写起来的时候，之前那些困惑和问题好像都自然地解决了。

因为无论你对这些事情了解多少，这些认知都已经存在了。我们的大脑就像一间间摆满货架的房间（货架上什么都没有），在成长过程中，我们会不断在货架上摆放来自各个渠道的信息和知识。当中有不准确的，也有不专业的，甚至干脆就是错的……我将它们统称为散装的知识。

我现在要做的事情就是带着大家走进大脑的房间，整理我们过去放在上面的信息和知识，保留有价值的、准确的、专业的知识，并整理成知识结构体系，替换掉那些存在隐患的、相对不那么准确的、比较陈旧的内容。

所以，当你在书里看到你早就知道的内容时，不要着急合上书，可以继续看下去。你或许可以找到跟这些内容存在密切关联的结构性内容，这样你就可以将所学知识融会贯通。当你在书里看到跟你已知的知识不同的内容时，也不要急着合上书，可以继续看下去。也许这是一个可以让我们共同探讨的好机会，让我们都能距离真相更近一些。

当然，也有可能你掌握的信息比我分享出来的信息还要准确，那这也是我向你学习的好机会。你可以在网上找到我，或许我们可以一起聊聊。

总之，感谢你选择让我陪伴你走进你的房间，一起来看看咱们的脑袋里装了些什么，还需要放什么进去，以及拿起扫帚，一起把那些需要清理出去的信息装进垃圾桶，然后进行垃圾分类，尽快处理掉。

哦，对了，还要请你帮个忙，我在后面还写了一封给大人们的信。如果方便的话，还要麻烦你让身边的大人们来看看，谢谢啦！

好了，我们书里见。

我是六层楼，我爱这个世界。

六层楼

2023 年 4 月

写给大人们的一封信

你好，我是老六。

不知道你是通过什么渠道看到这本书的，但不管怎样，至少说明你很关心这方面的内容。同时，我也要把我的感谢先表达出来，因为大家空闲的时间都很有限，每天忙忙碌碌的，能有时间看书已经很不容易了。而恰恰在这有限的时间里，你还愿意挤出一部分时间来看我这本书，这是我的荣幸。

来说说这本书吧。我曾经是某三甲医院的妇产科医生，虽然工作时间不长，但也确实见过不少患者，其中有相当比例的患者是年轻人甚至是未成年人。她们中的很多人在遇到我之前，就已经获取了庞杂的生理健康信息。当中有些是道听途说的，有些是在潜移默化中接受的，还有些干脆就是别人的只言片语……我将其称为散装健康知识。

面对这些五花八门的信息，人们是焦虑的，因为不知道该听谁的、看谁的，更关键的是不知道该信谁的。这就导致很多人了解了很多知识，却依然过不好自己的生活。等到需要来医院看病时，往往就已经晚了，毕竟身体已经受到了实际的伤害。

而在受到伤害之前，身体一定出现了一系列的问题和偏差，最终才出现健康受损的结果。就像一些研究人员说的，一次大的事故是由无数次小的事故接连发生而最终引发的。因此，在听到这句话时，我就萌生了做科普的念头。

希望可以在小事故发生之前就发现并想办法避免，而不是等到大事故发生之后再来力挽狂澜。所以，后来我就全职做女性健康科普了。

说回这本书，我是在2019年动手写这本书的，但当我开始动笔写的时候，我极度焦虑，因为这本书必须经过很多层筛选，才能被需要看的人看到。

首先，这本书能正常出版；其次，它能被人看到，这个人可能是孩子的家长，可能是老师，也可能是孩子的其他长辈……我统称其为大人们；再次，大人们看到书的目录和内容之后，认可我的内容，并且相信这些内容真的有可能陪伴年轻女性从她们第一次来月经到慢慢长大；最后，大人们才有可能放心地和孩子一起看。

在这个过程中，任何一个环节出现问题，这本书都不太可能真正发挥它的作用。

所以,在很长一段时间里,我都无法坦然地写。我总在想:凭什么由我来决定这个阶段的孩子们应该看什么、不应该看什么呢?我有什么资格来协助家长,来陪伴孩子们成长呢?人家为什么要选择相信我呢?

直到一个瞬间,我想明白了。确实,无论是孩子还是大人,都是需要被很好地照看的。尤其是大人们,在面对自己未知的领域的时候,多一些谨慎和小心是很有必要的。我需要清楚地看到大人们面对此类话题时如临大敌的焦虑,因为那是他们当时最真实的感受。

所以,这本书其实既要陪伴孩子们成长,也要照顾到大人们的焦虑和认知,这就是写这本书的难点。

之后,我就知道该如何看待写书这件事了。其实也不复杂,你、我,包括孩子,在我们从小到大的成长过程中,大脑就像一间间放满空货架的房间,我们会把各种从外界获得的信息打包装箱并放在货架上,以便随时拿出来使用。

唯一的差别是,有些是刚刚放上去的,有些是已经放了很久的。对于那些放了很久的内容,我们很难确定那是不是对的,孩子们就更难辨别了。尤其是在她们充满好奇心的时候,你不可能24小时盯着她们的信息来源渠道,你可能完全不清楚她们在什么时间、通过什么渠道放进去了什么信息……而当你想再去看看的时候，你会发现，她们已经把门关上，不再邀请你进去了。

所以，选择这本书其实更像是选择了我，让我陪着你们一起走进房间，站在货架前。咱们一起来看看里面都装了哪些内容。

对于当中那些有价值的、准确的、专业的内容，我们梳理出来，融会贯通，让它们结合起来，形成稳定的知识网络。

而对于其中那些有问题的、失准的、谣传的内容，我们也都找出来，将其替换成更加准确、专业的信息，放在货架上，再"接入"稳定的知识网络中。

在这个过程中，你一定会发现，我讲的某些内容你以为孩子不知道，但孩子早就知道了，只不过她所知道的内容可能不是那么准确，我们要协助孩子一起替换。你可能还会发现，对于某些知识点，孩子比你想象的理解得更快、更准确，可能因为她在这方面是空白的，不需要去对抗过去那些固有认知。相比而言，你接受起来可能会慢一些。

我还有一点儿私心，就是我希望这本书可以变成大人和孩子交流女性健康内容的桥梁，因为我在临床上看到很多年轻患者在需要帮助的时候，宁愿选择向网络上的陌生人求助，也不会问身边的大人……在那一刻，我能感觉到，孩子们心里那扇面向大人的大门早就关上了。

所以，如果可以的话，请你和孩子一起看这本书，而不是把书扔给孩子，让其自己看。那样大概只能发挥这本书 80%～90% 的作用，剩下的需要你一起参与才行。

哦，对了，还要请你帮个忙。书里我有好几次提到让孩子和大人一起看，希望你可以停下手里的事情，真的跟孩子一起看。这是我们三个人难得在一起交流的时光，期待你的参与。

好了，我们书里见。

我是六层楼，我爱这个世界。

六层楼

2023 年 4 月

目录 CONTENTS

♡第一章♡
重新认识我们的身体

- 006　女性生殖系统的大致结构和位置
- 008　卵巢的形态和功能
- 014　卵巢可能面临的问题
- 034　输卵管的形态和结构
- 036　子宫的形态和结构
- 039　月经是如何产生的
- 044　子宫的生育功能
- 047　子宫的附加小功能
- 048　子宫相关疾病
- 058　宫颈的位置
- 062　宫颈存在的意义是什么
- 064　宫颈上会有哪些问题
- 077　阴道的功能和结构
- 080　阴道里为什么会有白带
- 083　跟阴道相关的疾病有哪些

I

092　外阴的结构

098　如何看待外阴的形状

101　如何看待外阴的颜色

107　如何看待"处女膜"

111　医生眼里的外阴是怎样的

114　外阴可能会有哪些问题

♡第二章♡
万千少女的小问号

126　乳房的结构和功能

129　乳房是怎么发育的

132　乳房的大小由什么决定

134　乳房里硬硬的，有什么问题吗

135　按摩可以让乳房变大吗

136　乳房不对称，正常吗

137　乳晕和乳头分别是什么颜色的

139　乳头是什么形状的

141　乳头凹陷怎么办

144　乳头总是很痒，怎么办

145　乳晕上有些小痘痘，要紧吗

146　乳晕上长毛，正常吗

147	为什么摸乳头时会难受
148	什么是副乳
150	可以自检乳房吗
151	如何挑选合适的文胸
154	为什么来月经时会不舒服
156	什么是原发性痛经
159	来月经前胸部胀痛是病吗
160	来月经前心情很不好是怎么回事
162	经期拉肚子怎么办
164	经期为什么会长痘痘
166	为什么经期会怕冷
170	月经紊乱怎么办
173	为什么时隔半个月又来月经了
175	经期总是很长怎么办
177	经血颜色很深，有血块怎么办
180	来月经前体重为什么会增加？经期怎么吃都不胖吗
182	经期不能吃什么
185	经期不能做什么
193	想推迟月经怎么办
195	如何选择卫生巾
200	还有其他经期卫生用品吗
204	什么是白带

207	什么样的白带是异常的
210	下面要怎么清洗
217	内裤发黄怎么办
219	如何洗内裤
223	多长时间更换内裤
225	下面为什么会长毛
231	下面也会长痘痘吗
232	阴道排气是怎么回事
234	为什么屁股变大了呢
236	为什么会有小肚子啊
237	什么情况下要去看医生
241	去看妇科疾病需要注意什么
248	哪种妇科检查最让人难受
253	妇科疾病都与性生活有关吗

♡ 第三章 ♡

必须学会保护自己

259	性欲与性行为
272	什么是性传播疾病
274	性传播疾病是如何传播的
278	如何治疗性传播疾病

281	感染HPV很可怕吗
285	感染了HPV,还能正常生活吗
286	为什么要接种HPV疫苗
289	HPV疫苗真的有用吗
292	常用的避孕方法有哪些
296	你可以说"不"
306	被强迫发生性行为之后,该怎么办
308	酒后乱性是真的吗
312	"阅读"自己的情绪
317	如何面对自己跟别人的不同
320	如何看待别人对你的评价
324	我们该如何处理亲密关系
328	如何面对情感暴力
330	如何看待情感绑架
332	如何切断一段糟糕的关系
335	如何做自己

337	结语
340	附录 77条健康常识

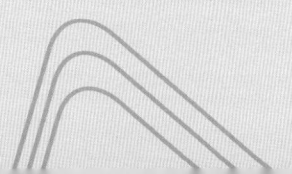

第一章

重新认识
我们的身体

当写下"重新认识我们的身体"这几个字的时候，我陷入了沉思。因为如果你能看懂这些字，就说明你已经度过了那个需要认识身体的阶段。

就像我们小时候，家长指着我们的鼻子说："这是什么啊？"

小小的我们回答："这是鼻子！"

很多器官我们都是这样认识的，可是为什么现在又要重新去认识器官呢？

是因为那些器官都改名字了，还是因为它们的功能变了呢？

其实都没有，只是过去我们在认识器官时少认识了很多。好像有些器官是我们小时候需要认识的，而有些器官是等我们长大了才需要认识的……这让我们从一开始就把身体上的器官分成了两类：一类是小孩子应该知道的，另一类是小孩子不应该知道的。

然而，谁来决定小孩子应不应该知道呢？

我也不知道，只不过，这样的区分导致我们在成长过程中自然而然地给身体的某些器官涂上了一层底色，但我们又不可避免地会接触到这些器官。那么，我们可能就会戴着"有色眼镜"来看待这些器官，由此衍生出很多根植于内心的固有认知。

所以，现在我们不得不把那层底色抹掉，重新认识那些我们以往没有好好认识过的器官，就像当初认识我们的鼻子、眼睛、嘴巴、耳朵那样补上这节课。

在这一章，我们会像讲解其他器官那样讲解卵巢、输卵管、子宫、子宫颈（简称宫颈）、阴道、阴道瓣、外阴等器官。将来可能面临哪些问题，我们谁都不能预料，但至少要建立尽可能全面、客观的认知。如果你在阅读过程中有什么疑问，可以跟家长交流和沟通。大家一起重新认识这些器官，或许会有更多共同认知。

好了，开始吧！

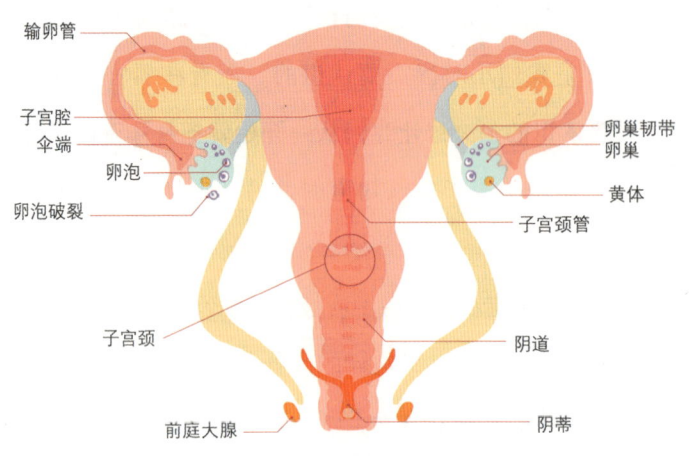

图1 女性生殖系统一览图

上页这张图（图1）你不用全部记下来，但是可以通过这张图大致了解女性所特有的器官。当然，更重要的是让你了解这些器官的名字。

之前有一个小姑娘找我咨询卵巢的问题，但是她从来没有见过这两个字，只是偶尔听到过类似的发音。所以，她刚开始问我的是："六老师，我想问问'暖巢'不健康是什么表现啊。"

问得我一愣："啥叫'暖巢'啊？"

小姑娘也不太确定，就改口问："到底是'软巢'还是'暖巢'啊？我听别人说过，但具体是什么啊？"

我这才明白，原来她说的是"卵巢"。刚开始，我还以为是口音的问题，后来发现很多人好像都不太清楚这个该叫什么。还有人把输卵管叫成"输软管"……所以，在这里咱们就不提过高要求了，只要能念对名字就行。

女性生殖系统的大致结构和位置

整体来讲，女性生殖系统的很多器官是对称分布的。

子宫左右两侧像两颗枣一样的结构就是卵巢。卵巢虽然小小的，但是对人体来讲是很重要的器官。无论是人体的重要激素还是排卵功能，都跟卵巢有着密切的关系。当然，也正因为很重要，所以才左右各一个，给人体增加了备选方案。

跟卵巢相连的两个细长的条状结构就是输卵管，靠近卵巢的一端有点儿像抓着卵巢的小手，也像一把覆盖在卵巢上的伞，所以被称为伞端，另一端则连接着子宫。我们从名称上就可以大致了解其主要功能，它就是用来输送卵子的管道。

顺着输卵管来到子宫。根据子宫的字面意思，大家应该都能自动在脑海里补充出关于子宫的完整描述。仅从功能上来讲，它主要负责承载和孕育新的生命，同时也是产生月经的地方。大家可能对这个器官相对熟悉一些，毕竟我们每个人都来自这里。

从子宫腔往下看，就能看到子宫颈，它可以说是子宫和阴道之间的一道关卡，大有"一夫当关，万夫莫开"的意思。

继续往下就是阴道和外阴了，这里或许你已比较熟悉了，因为大多数人都可能对着镜子看过，毕竟我们都要经历那个对自己身体好奇的阶段。

好了，现在我们大致对这些器官和结构有了初步的认识，相信你看到这里时肯定觉得不过瘾。如果我猜得没错的话，你一定有很多小问题想问。不着急，接下来我会讲到每个部分。到时候，你再看看我有没有猜到你脑海里的那些小问题。

卵巢的形态和功能

正如我们在前面所描述的那样,卵巢是位于盆腔中的像两颗枣一样的器官。当然,你刚出生的时候,卵巢并不长这样,随着身体的发育,它最终处于一个稳定的状态。

在青春期之前,卵巢比较小,而且表面是光滑的(图2)。它看上去就像处于"沉睡"状态,因为这个阶段的卵巢还在发育过程中,无论是内在结构还是功能,都还没有展现出来。不过,卵巢一旦成熟,就会展现出其神奇的力量和功能。

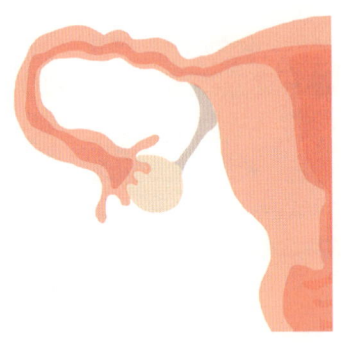

图2 青春期之前的卵巢

●卵巢的排卵功能

等到了青春期,卵巢便开始展现它不同于其他器官的功能——排卵。就像电影《X战警》里的剧情那样,每个发现自己有超能力的孩子开始展现自己在某方面的天赋。

卵巢在青春期开始排卵，所以表面看起来凹凸不平，呈灰白色，这层结构叫白膜。如果可以到白膜下面看看的话，你就能看到卵巢里有各种形态的卵泡（图3），其中最多的是原始卵泡，它们基本上都处于沉睡状态，还有一些卵泡已经开始发育但处在不同发育阶段。当然，还有一些卵泡已经完成排卵，形成了黄体以及白体等结构。此外，卵巢里还有血管、髓质等结构。

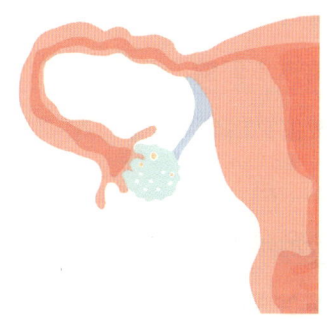

图3 青春期的卵巢

如果硬要比喻的话，卵巢内部就像一个大型生产车间，其主要目的就是生产出一颗颗健康的卵子。我想可能有人会问："那女性一生大概可以产生多少颗卵子呢？"

这个答案是基本确定的，女性一生一般只有400~500颗卵泡可以发育成熟，并且最终顺利排卵。看上去好像也不少，毕竟大多数人这一生真正使用的卵子数量只在个位数，还有一些人选择完全不使用。

但是，相对于卵巢中存在的卵泡来讲，这只占0.1%左右。因为女性到青春期的时候，卵巢中有30万~40万颗卵泡。在这之前卵泡可能更多，只不过在发育过程中逐渐退化、减少，只剩下这些。

随着年龄的增长，除了卵泡的数量会有变化外，卵巢的形态也会发生变化。女性成年之后，卵巢会慢慢进入成熟状态，大小基本就固定了，大致是3厘米×4厘米×1厘米，重量5克左右。当然，每个人还是有所不同的，大体上形态、结构健康，功能完善就可以了。这些数据只供参考。

等女性到了绝经的年龄，卵巢还会萎缩、变小（图4）。很多老年人的卵巢会萎缩至一粒花生米大小，甚至更小、更薄。

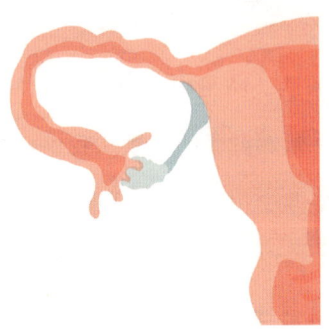

图4　绝经后的卵巢

到这里，我们了解了一生中卵巢的大致变化，而且也看到了卵巢的一项功能——排卵。当然，卵巢的功能可不止这一项，它还有其他一些功能，后面会讲到。

● 卵巢的分泌功能

除了排卵，卵巢还有一项很重要的功能——分泌激素。

我们可能都听过雌激素、孕激素和雄激素等性激素的名称，这些激素可由卵巢分泌。是的，你没看错，卵巢也可以分泌雄激素，女性体内也有雄激素。除此之外，卵巢还会分泌一些多肽物质、细胞因子等。

很多人（包括家长在内）一听到"激素"就很害怕，好像这是什么洪水猛兽一样。而且，我们也时常可以看到这样的新闻：某些儿童食品或用具因含有大量雌激素而导致儿童"性早熟"……

上面这句话透露了很重要的一个信息，那就是雌激素可能跟女性什么时候"熟"有着密切的关系。其实，这就是雌激素一项很重要的功能，后续我们会单独讲到。身体出现的很多变化和表现都跟雌激素的产生相关。

你的胸部开始发育，臀部、大腿等部位开始出现脂肪堆积，你和身边的朋友陆陆续续开始来月经，你身体某些部位的颜色开始加深，还有身体中的各个脏器也都开始出现变化……这些都是因为你身体内的雌激素开始慢慢增多。

在生理层面上，雌激素的功能大体让每个女性都越来越具有女性的生物特征。

雌激素可由卵巢分泌，当然，雌激素不是卵巢想分泌就能分泌的。卵巢上面还有两层"领导"，它们分别是下丘脑和垂体。这三者相互调节、相互影响，共同形成了一个完整、灵活且协调的神经内分泌系统，掌握着你体内激素水平的变化和调节，这个系统被称为下丘脑 – 垂体 – 卵巢轴（图5）。

当然，除了雌激素，孕激素也是我们关注的重点。它的名字里有一个"孕"字，好像它只跟怀孕相关。其实并不是这样的，即使没有怀孕，女性体内也有孕激素。雌激素和孕激素之间存在此消彼长的关系，它们与你的月经周期和排卵周期密切相关。后面会有一节专门讲和月经相关的问题。

你可能发现了，身体的很多表现和变化归根结底都跟卵巢有着密切的关系。或许你可以更加理解为什么女性体内要有两个卵巢了，因为它们的存在对身体有很重要的意义。如果一侧卵巢出现了问题，那么还有另外一侧可以继续发挥作用。

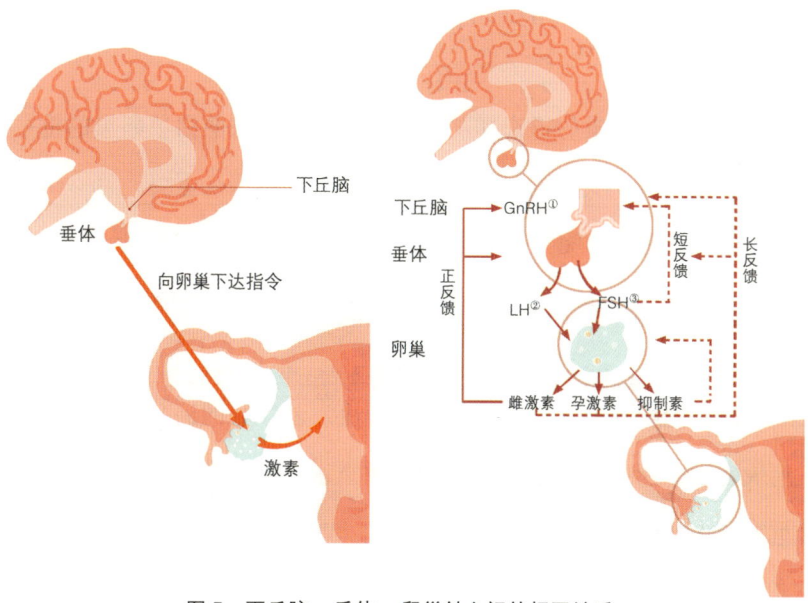

图 5 下丘脑 – 垂体 – 卵巢轴之间的相互关系

① GnRH：促性腺激素释放激素。
② LH：黄体生成素。
③ FSH：卵泡刺激素。

卵巢可能面临的问题

前面讲了卵巢的形态和功能,相信大家大致明白了卵巢的重要性。紧接着,我们的问题就来了,既然卵巢那么重要,万一出现问题,该怎么办呢?

想解答这个问题,我们首先需要搞清楚卵巢可能发生哪些问题。

只有先看到问题,才能想办法解决。就算真的遇到了,也不用太害怕。所以,接下来会给大家重点讲讲常见的几种发生在卵巢上的疾病或问题。

●卵巢肿瘤

严格来讲,这是很大的一类疾病。只要是长在卵巢上的囊性肿瘤,都可以称为卵巢囊肿。如果是实心的,或者有部分实心的,那么就称为卵巢肿瘤。它们都可以被笼统地称为卵巢肿瘤。

这些肿瘤大小不一、形态各异,而且还分为良性和恶性,甚至还有一类叫交界性肿瘤……所以,在这里咱们主要了解几个核心概念。

从发生概率来讲

大约有 1/7 的女性在一生中可能会发生一次卵巢肿瘤，其中有 1/70 是恶性的。值得注意的是，有 70% 左右的恶性卵巢肿瘤在发现的时候已是晚期，而这些恶性卵巢肿瘤在治疗后有 70% 的概率会复发。同时，恶性卵巢肿瘤患者 5 年内死亡率是 70% 左右。

从年龄分布来讲

卵巢肿瘤在大多数情况下是良性肿瘤，会发生在任何年龄段，多数发生在生育年龄。良性卵巢肿瘤大多发生于 20～44 岁的女性，恶性卵巢肿瘤多发生于 40～50 岁的女性。

需要注意的是，不要以为卵巢肿瘤是成年人才会得的病。实际上，女童或青春期女孩也有可能患卵巢肿瘤。而且，在这个阶段发现的卵巢肿瘤还可能是恶性的。这可不是在吓唬大家，我在临床上确实遇到过因患盆腔巨大卵巢肿瘤而来就诊的初中生。虽然这种情况很少，但的确存在，也正是因为我见过这类病例，所以才要在一开始就跟大家讲清楚。

从发病原因来讲

整体来讲，卵巢肿瘤并没有非常明确的病因，我们大致从这几个方面进行分析。

1. 遗传因素

20%～25%的患者有家族史，有些患者的卵巢肿瘤是与生俱来的。比如，畸胎瘤患者可能一出生就有肿瘤，只不过它很小，很难被发现罢了。

2. 内分泌因素

因为卵巢具有分泌激素和排卵的重要功能，所以需要快速地进行新陈代谢。尤其是排卵，卵巢一次次为排卵做准备，并且要反复修复、增殖。在这个过程中，就有可能形成肿瘤。

3. 生活方式及环境因素

有研究表明，长期饮食结构不合理、生活作息紊乱、心理压力过大、精神状态不稳定等都是导致卵巢肿瘤发生的因素。同时，我们平时吃的保健品或者营养品中也可能存在提高发病率的成分。

从检查方法来讲

在临床上，检查卵巢肿瘤的方法是通过经腹部的妇科B超检查，从影像学上进行大致判断。有经验的医生可以根据妇科B超检查结果，再结合激素水平检测等方法完成比较基础的判断。如果检查结果比较可疑，或者存在一些医生把握不准的复杂情况，就需要其他的检查手段，比如CT（计算机断层扫描）、MRI（磁共振成像)、PET-CT（正电子发射计算机断层显像）等。这些还只是无创的检查手段，如果通过这些检查手段都给不出明确的诊断，那就要考虑有创检查，比如手术活检。当然，这些都是由医生来安排的，咱们做到大致明白就行。虽然这些内容是给年轻女性看的，但其他年龄段的女性也可以用这些手段进行检查。

下面讲几种年轻女性有可能面临以及常见的与卵巢肿瘤相关的疾病。注意，这里提到的只是一些常见的情况，这一大类里的病种很多，就不一一赘述了。

畸胎瘤

这种卵巢肿瘤经常在年轻女性身上出现。因为名字听着吓人，而且当中还有个"胎"字，所以大家总会有很多不好的联想。比如，它是由怀孕导致的，或者那是患者自己的弟弟或妹妹，只不过在患者妈妈肚子里的时候，被患者吸收到体内，最终成了畸胎瘤……总之，这些联想都源于对这种病的不了解。

这种病的产生跟怀孕无关，跟性生活无关，也跟弟弟、妹妹没啥关系……学术界整体认为，这是源自胚胎性腺原始生殖细胞的一类肿瘤。也就是说，从胚胎发育时期开始，这种病就可能存在了。

正如前面所讲的，这种肿瘤也分为良性和恶性，只不过这里的良性畸胎瘤叫作成熟畸胎瘤。这里的"成熟"是指细胞分化成熟。成熟畸胎瘤的特点就是肿瘤里会有不同的组织结构，有的里面有头发和油脂，有的里面还有牙齿和骨骼等。看着吓人，不过是良性的。可能出现在任何年龄段，常见于20~40岁的女性。

另外一种恶性的畸胎瘤叫作未成熟畸胎瘤，跟它这个名字基本一致的是，好发于青春期，即患者年龄主要集中在11~19岁。我前面提到的那位来看病的初中生就被查出患有这种肿瘤。

当然，查出来也不要害怕，越早查出来就越容易处理。通常采用的处理办法是做手术。对于成熟畸胎瘤患者来讲，做完手术基本就没事儿了，毕竟它是良性的。如果是未成熟畸胎瘤患者，就要好好跟医生沟通治疗方案，积极配合治疗，还是可以取得很好的治疗效果的。

卵巢子宫内膜样囊肿

这个名字大家可能有点儿陌生，但如果听到另外一个名字，大家恐怕就很熟悉了，这个名字就是巧克力囊肿。

当然，并不是说这种囊肿里是巧克力，这只不过是研究人员给这个囊肿起的一个别称。说起来，医学界给疾病起名字是非常简单直接的。当初发现这种囊肿并将其切开后，看到流出来的是棕红色的黏稠液体，很像融化的巧克力，所以人们就决定将这种囊肿命名为巧克力囊肿，简称巧囊。还有很多类似的名字，比如靴形心，一种会导致心脏看上去像一只靴子的心脏疾病；梅毒，一种会使发病后的皮疹很像梅花的性传播疾病；黄体，卵泡排卵之后形成的新组织，将其切开可以发现里面是黄黄的……在后面的内容中，我们会讲到黄体，这里先铺垫一下名字，给大家卖个关子。

说回巧囊，这其实是子宫内膜异位症的一种。简单来讲，就是子宫内膜顺着输卵管来到盆腔。这是一种常见的妇科疾病，专业名称是卵巢子宫内膜样囊肿。这其实是一类疾病，就是内膜长到子宫腔以外的地方，随着月经周期生长和剥脱，常见发生位置有盆腔、卵巢等。

关于巧囊有几个知识点需要了解。

1. 巧囊的主要症状是痛

主要表现为痛经，这种由疾病引起的痛经，被称为继发性痛经。有很多姑娘打从来月经开始就会有痛经的情况，这类姑娘最好在家长的陪同下去医院检查。如果患有巧囊，请尽快治疗，避免痛经。在临床上，很多患者从高中开始就一直痛经，直到大学毕业参加工作之后才去医院检查，结果发现患有巧囊……

这种痛经与原发性痛经的明显区别主要体现在两个方面：一方面是疼痛的程度，巧囊引起的疼痛往往比原发性痛经的疼痛更加严重；另一方面是疼痛的特点，原发性痛经是刚开始来月经就痛，疼痛主要集中在前两天，后面会有所缓解，而巧囊引起的痛经往往是越往后越痛，有时候月经结束后还会痛上几天。（关于原发性痛经，后面会有专门的章节进行讲解。）

2. 巧囊的病因并不明确

"经血逆流"是一种在很早之前就被推翻的说法，因为几乎所有女性在经期平躺着就会发生经血逆流，但并不是所有人都会患巧囊。目前，主流认同的病因是郎景和院士提出的"在位内膜"学说。当然，重点在于诊断和治疗，而不是寻找病因。因为预防不了，所以如果有情况，大家一定要去医院查一查。

3. 巧囊的治疗分为两种

即保守治疗和手术治疗。保守治疗使用各种药物（短效避孕药、GnRh-a 等）来延缓囊肿的发展，核心原理是抑制月经，只要能暂时不来月经就能抑制囊肿；手术治疗则直接通过做手术把囊肿剥除。

这部分内容确实需要女性长辈和你一起看，因为没准儿她们看了这部分内容后，会发现自己的痛经也跟巧囊相关，正好可以和你一起学习、一起健康。

前面讲了两种跟卵巢肿瘤相关的疾病，之所以重点讲这两种疾病，主要是因为这两种疾病在青春期就有可能遇到，如果能够及时发现并及时处理，就可以减少很多健康隐患。当然，除了前面讲的疾病外，还有两种常见的卵巢肿瘤并发症，一种是破裂，一种是蒂扭转。

不要看我一副轻描淡写的样子，其实这是医院妇科的两大急腹症！丑话说在前面，不是为了吓唬谁，只是为了让大家更加了解疾病。

黄体囊肿破裂

我们先来讲一讲什么叫黄体。黄体其实就是卵泡排出卵子之后，由剩下的组织形成的一个可以分泌孕激素的组织（图6）。因为横切面是黄色的，所以它被起名为黄体。它分泌的激素叫孕酮（又称黄体酮），也就是我前面说的孕激素。

每一次排卵之后，卵巢都会形成黄体，这就意味着每一个还在来月经的女性都有黄体破裂的风险。

但是不要慌张！

事实上，并非只要是黄体就一定会破裂，因为大多数黄体形

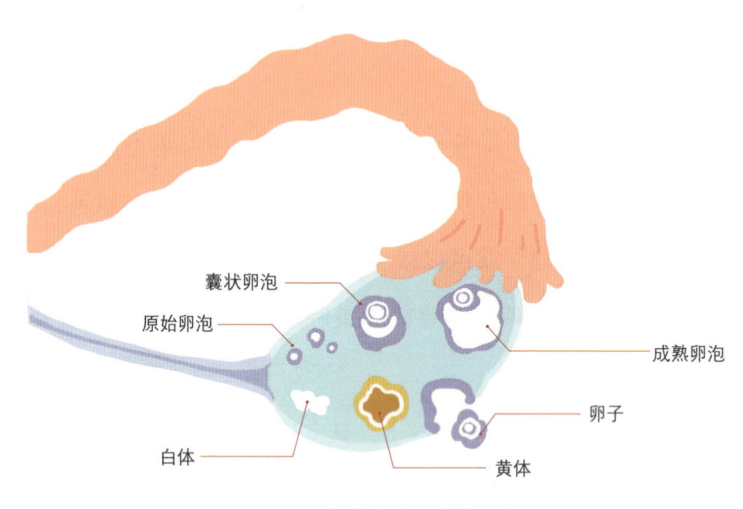

图6 卵泡发育和黄体形成

成后会慢慢萎缩，只有极个别会长得特别大。比较大的能长到直径4~6厘米大小，有的甚至更大，类似一个囊肿，我们称之为黄体囊肿（图7）。

一般来讲，在排卵后一周左右，通常也就是下一次月经来之前的一周左右，是黄体囊肿长到最大的时候。此时的黄体囊肿"个大皮薄"、血管丰富，最易发生破裂和扭转。

从发生时间看，黄体囊肿破裂跟痛经很好区分，而诱发黄体囊肿破裂的主要因素是腹部所受压力不均。举例来讲，剧烈运动（如奔跑、跳跃等）会给腹部带来压力，如果刚好受到挤压，黄体囊

正常黄体

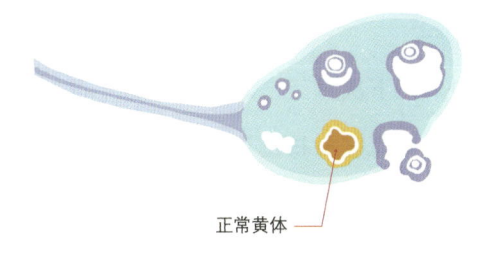

黄体囊肿

图 7　正常黄体与黄体囊肿

肿就有可能破裂。又如，排便时使劲儿，也会增加局部腹腔所受的压力。还有某些性行为体位，也会导致腹腔所受压力不均……

但是，每个人破裂的情况都不太一样。有一种是黄体囊肿内部的小血管破裂，这时小血管有可能会被血块堵住，避免了进一步出血。但如果持续出血，最后就可能把囊肿撑破。另一种则是黄体囊肿直接破裂。

总之，黄体囊肿破裂之后就会引起大量出血。这些血液流入盆腔、腹腔，会引起剧烈疼痛。这种疼痛是难以忍受的，痛到不太可能再翻书来现补这些知识点。而且，如果出血量很大的话，还会导致失血性休克。

所以，如果在下次月经来之前的一周左右，出现腹腔内剧烈疼痛，且疼痛难以忍受并持续存在，你就要高度怀疑是黄体囊肿破裂。千万不要犹豫，立马去急诊。如果实在没法行动，建议拨打 120，让急救车带你就近治疗。

还是要强调一下，黄体囊肿破裂并不常见，发生的概率是相对较低的。但是如果处理得不及时，还是有可能危及生命的。所以，要是遇到这种情况，千万不可掉以轻心。

卵巢肿瘤蒂扭转

这也是一种常见的妇科急腹症，从名字上基本就能理解这种情况是卵巢肿瘤的并发症。其前提是本身有卵巢肿瘤，然后卵巢肿瘤发生了扭转……确实，就是这样的，大概有 10% 的卵巢肿瘤会并发蒂扭转，这个概率确实不低。

当然，也不是所有的卵巢肿瘤都会发生蒂扭转，而是某一类肿瘤特别容易发生。这类肿瘤最典型的特点就是肿瘤的"蒂"很长，是一条很长的带子，有点儿像手机的充电线（图 8）。那根线越长，肿瘤就越有可能发生扭转、弯折。

除此之外，这类肿瘤还有一些特点，比如大小中等，并且活动度比较好。同时，质地也不均匀，有的地方硬，有的地方软。其实也好理解，肚子里的空间本来就有限，如果肿瘤太大的话，

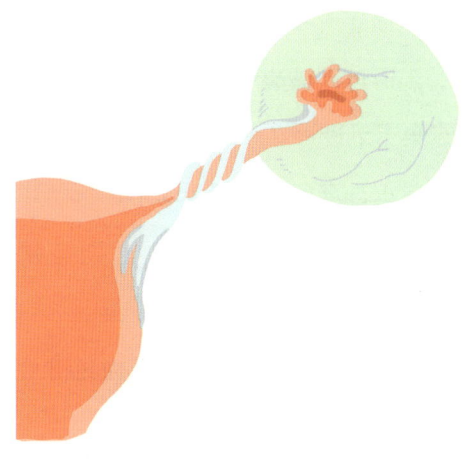

图 8　卵巢肿瘤蒂扭转

估计也活动不开；质地不均匀才导致其有可能在肚子里滚来滚去……一个不大不小的球，滚来滚去的话，能不发生扭转吗？

通常符合这些条件的就有咱们前面讲的畸胎瘤，它里面的质地确实是不均匀的。

一般发生卵巢肿瘤蒂扭转之后，患者会出现明显的腹部疼痛，而且疼痛非常剧烈，还有可能会出现恶心、呕吐，甚至休克等症状。出现这些情况时，患者必须尽快去医院。我们以前遇到过一个姑娘，她正上着体育课呢，突然肚子痛了起来。到医院一查，发现她的肚子里有个苹果大小的肿物，医生赶紧对她进行了腹腔镜手术。术中，我们看到肿瘤因为扭转导致静脉回流受阻，处在极度充血状态，里面还有一些出血的情况。整个肿瘤看上去就像一个黑紫茄子，随时可能破裂……幸亏学校离我们医院不远，送得及时，否则后果不堪设想。

看到这里，你也许就能理解我为啥不断地呼吁大家一定要定期体检，明确自身情况了吧。别害怕，也别躲着，越早发现问题，咱们承受的风险就越小。

好了，关于卵巢肿瘤就讲到这里，下面再讲另一种常见的卵巢问题。

● 多囊卵巢综合征

开始之前，我猜你可能会说："六老师，您是不是写错别字了啊？这里不应该是'症'吗？您怎么写成'征'了呢？"

哈哈，先告诉大家一个知识点，这里的"征"，指的是一种以雄激素水平升高、稀发排卵或无排卵，以及卵巢多囊样改变这三种情况为特征的病变。复杂的概念从侧面证明这是一种复杂的疾病。

一般来讲，这种疾病的发病率在6%左右。目前，其病因还不明确，主流学术界认为它主要跟遗传因素和环境因素相关。怎么说呢，我不知道你们怎么看，反正在我眼里，这基本上就等于啥也没说……在临床上，也确实对探索病因没有太多要求，通常更关注患者的诊断和症状。

其实，诊断的具体方向都写在前面的概念里了。主要症状如下。

雄激素水平升高

无论是化验检查结果显示"雄激素水平升高"，还是身体出现一些雄激素水平升高的表现，这些现象都提示你可能患上了多囊卵巢综合征。常见的表现如下。

1. 痤疮

面部、前胸和后背等处连续3个月以上出现3个或3个以上痤疮。

2. 多毛

类似私处的毛发（又黑又粗又硬）长在脸、乳晕、腹部、大腿前侧等部位。

稀发排卵或无排卵

一般指月经周期超过35天，然而这并不是最重要的，我们重点关注的是月经背后的排卵情况。这里须强调，月经周期超过35天并不能说明发生了多囊卵巢综合征。月经周期延长但保持规律且可以正常排卵的人，不要对号入座。

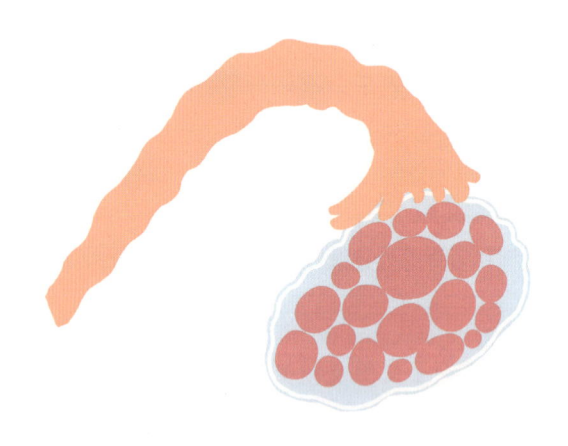

影像学检查结果提示卵巢多囊样改变

卵巢多囊样改变是指 B 超检查提示，一侧或双侧卵巢中有 12 个以上直径为 2~9 毫米的卵泡，或卵巢体积不小于 10 立方厘米，整个卵巢看起来像是一串葡萄（图 9）。

图 9 卵巢多囊样改变

这里有两点需要注意：

（1）卵巢多囊样改变并不意味着卵巢不能排卵，有可能只是暂时的；

（2）卵巢多囊样改变并不是疾病诊断标准，也不是唯一的诊断标准。

从咱们国家遵循的诊断标准来看，只要雄激素水平升高、稀发排卵或无排卵、影像学检查结果提示卵巢多囊样改变这三项中有两项满足，我们就可以明确诊断……哦，等等，不是我们通过看书来明确诊断，而是由医生来做这件事情。我们并不需要熟练地掌握以上这些，但应该看看以下这三个特点：

异质性 在临床症状上，多囊卵巢综合征千人千面，表现多样，边界模糊，诊断困难。

不愈性 目前认为它是一种遗传性疾病，由多个基因异常造成。患者需要长期用药，坚持治疗。

进展性 疾病在缓慢地进展，患者需要采取积极干预措施，配合治疗，控制到位的话就跟正常人一样。

看到这里，你应该也发现了，我们对这种疾病只能做到大致了解，剩下的还是得交给医生。医生会根据患者的表现以及严重程度（是否涉及肥胖、胰岛素抵抗、代谢异常等）来诊断。再次强调，不要盲目地对号入座。这是比较复杂的疾病，如果有高度怀疑的情况，最好去公立的综合医院找专业的医生检查。

对于这类疾病，更重要的是明确诊断后积极进行治疗。若有月经问题，就考虑用短效避孕药；有肥胖问题，就通过控制饮食和运动来改善；出现雄激素水平偏高，就降低雄激素水平；出现胰岛素抵抗，就用二甲双胍管一管；排卵不行，就进行以促排为主的综合管理……总之，有问题别害怕，我们有的是治疗方案。

也有患者问我："六老师，可不可以不治疗啊？"

其实也不是不可以，多囊卵巢综合征的最大危害就是影响怀孕。因为排卵受影响，所以怀孕也不可避免地会受影响。但是，如果患者目前根本没有生育打算，比如还是高中生或者大学生……那就需要医生评估一下其他方面的健康风险，如果都没什么问题的话，那确实就可以不治疗。说得稍微难听一点儿，除了月经不来，其他没啥问题，更可喜的是月经不来还省了卫生巾或卫生棉条的钱呢！

近几年，关于多囊卵巢综合征的咨询非常多，很多咨询者都还在上学。有的是因为自己没来月经，就认为自己得了多囊卵巢综合征；有的是因为自己的皮肤不好，就怀疑自己得了多囊卵巢综合征；有的是去医院做了B超检查，把医生说的卵巢多囊样改变当成严重的疾病……这些大多是自己吓唬自己。

我在网上也坦言，科普对于多囊卵巢综合征没有什么太大的帮助，我还是希望大家去医院检查。

多囊卵巢综合征不可怕，自己吓唬自己才可怕。

● 卵巢早衰

我原本不太确定这是不是你们这个年龄段的人需要了解的内

容，因为一般都是 30 岁左右的女性才会关注这个问题，但奇怪的是，现在 25 岁左右的也开始担心这个问题了。最近，甚至有 20 岁左右的女性也来问我这个问题。

所以，我觉得还是有必要讲讲的。

卵巢早衰是指 40 岁之前由于卵巢内卵泡消耗殆尽或者卵巢上有医源性损伤，导致卵巢功能衰竭。一般表现为闭经。

是的，很多人来问自己是不是卵巢早衰就是因为出现了闭经的情况。但是，如果认真读了前面的内容，你就不难发现，多囊卵巢综合征的临床表现也是闭经。所以，大多数时候，很多人都不知道从哪里听来的一个概念，然后就将其套用到自己身上。

当然，这也是老六写这本书的意义。那就是推翻咱们过去那种道听途说的"散装健康知识"，重新构建完整、详细的健康知识。

实际上，对于每个青春期女孩或者年轻女性来讲，几乎不太可能出现卵巢早衰的情况。但是出于严谨的态度，咱们还是说说卵巢早衰的具体影响。

卵巢早衰的影响

最大的影响就是生育困难。这是因为卵巢早衰会导致排卵障碍或者不排卵，如果排卵不顺利，生育自然也困难。当然，如果你暂时没有生育需求的话,这也不算什么影响。

此外,它对身体其他方面也有影响。比如,你可能会比同龄人更早出现更年期症状,包括潮热、出汗、脾气暴躁等;还可能会比同龄人更容易骨质疏松,因为你的骨密度在不断快速下降;还有,容易患上心血管疾病。

看到这儿,你也不必过于惊慌。虽然卵巢早衰的危害不小,但只要我们学会正确对待卵巢早衰,寻求专业医生的帮助,就能够在一定程度上对症治疗,把它对我们的影响和危害降到最低。

哦,注意,我在这里说的是**寻求专业医生的帮助**,可不是去做什么"卵巢保养"。正好趁着这个机会念叨念叨。

卵巢保养

首先,卵巢深藏在盆腔里,周围有骨盆保护,前后还有各种脏器和组织包绕……这么说吧,人类为了保护卵巢,进化出了一整套保护性结构,这就好像把卵巢放在了保险柜里。

人家好着呢,根本不用你保养,尤其不需要那种从外向内的所谓保养。

其次,随着年龄的增长,卵巢功能就是在走下坡路,表现在激素分泌和排卵上。这个过程不可逆,也没必要折腾,折腾只会徒增焦虑……大多数时候，只要饮食健康、情绪稳定、作息规律、运动适量，就可以有效延缓这个过程，但也只是延缓。

最后，市面上那些卵巢保健品大多含有剂量不明的雌激素，有很大的健康隐患。美容院那些精油按摩的套路基本不可能对卵巢起作用，倒是有人因黄体囊肿被按破了，直接被救护车从美容院拉到急诊去了。还有那些理疗仪，也大多依靠"高科技"噱头骗钱……总之，就是花钱买个心理安慰。

虽然我知道你们大概率也没钱去做这个，但是我必须提前跟你们说说这个事儿，省得等你们长大了、挣钱了，都把钱花到这些不仅谋财，弄不好还可能害命的地方。

这些所谓的卵巢保养都是不可取的。我也确实害怕，不少人小时候接触到的观念，如果没有人帮忙纠正的话，等他们长大了可能就变成了根深蒂固的认知，到时候他们改起来就很难了。所以，趁早学习规范的知识或许可以让你在将来少走弯路。

好了，关于卵巢咱们就讲到这里，希望让你对卵巢有了更加全面和清晰的认知。

输卵管的形态和结构

顺着卵巢继续学习的话，我们就看到了输卵管。单看的话，它就是一根长长的管道，也确实是连接卵巢和子宫的重要通道（图 10）。虽然名字叫输卵管，但它并不只是输送卵子的管道。严格来讲，输卵管是卵子和精子结合形成受精卵的地方，所以输卵管中的"卵"字也有受精卵的意思。

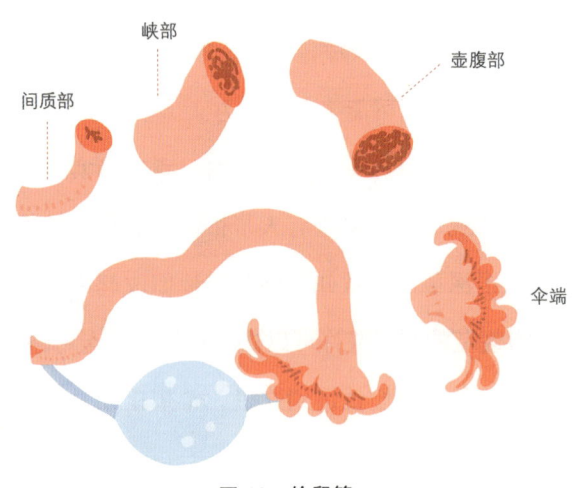

图 10 输卵管

一般来讲，输卵管长度为 8～14 厘米，当然这是成熟之后的状态。在卵巢还处于发育阶段时，输卵管其实也在早期发育。整个输卵管分为四个部分，从靠近卵巢到子宫依次为伞端、壶腹部、峡部和间质部。

对于这些，大致理解一下意思就好。比如，伞端是用来抓取卵巢排出的卵子，让卵子可以顺利进入输卵管的。壶腹部就是精子和卵子经常相遇的地方，所以一般在排卵后 12 小时左右就形成受精卵了。这跟很多人的认知不太一样，很多人都以为受精过程是在子宫里完成的，其实等到受精卵到子宫腔的时候已经是卵子受精后的 4~5 天了。同时，壶腹部也是最容易发生异位妊娠的地方（壶腹部异位妊娠占所有异位妊娠的 75%~80%）。而峡部则从名字就能看出来，是指输卵管上很狭窄的一部分，是除壶腹部之外的第二个常发生异位妊娠的地方。间质部靠近宫角，有点儿像河流汇入大海的位置。

如果可以进入输卵管内部的话，就可以看到里面有一些分泌物以及一些摆动的纤毛。输卵管的作用很明确，一是提供一个适合受精的场所，二是把抓取的卵子以及受精卵向着子宫腔的方向推送。

在输卵管这部分，需要我们知道的就是这些了。当然，上面有好多名词你可能是第一次看到，不用太焦虑，后面我们还会讲到。

至于跟输卵管相关的疾病，因为发病概率很低，而且在年轻女性中并不太常见，或者说会在之后的内容中讲到，所以在这里就不单独讲了。

子宫的形态和结构

可能很多人都听说过子宫,但是对于它的位置、结构以及功能都不太了解。虽然这不是高考题,但是我们每个人都应该对子宫有充分的了解。

是的,因为我们就是从这里来的。

相信很多人对子宫有很多好奇的地方,下面,咱们来挨个儿解答!

● 子宫长什么样子

如果硬要比喻的话,我觉得从形态上看,子宫很像一个倒置的梨。虽然实际大小没有大白梨那么大,但它确实很像梨。一般完成发育的子宫大小是基本固定的,但是每个人的子宫都不太一样。

一般子宫长是七八厘米,宽四五厘米,厚度是二三厘米。为啥说得这么含糊呢?不是因为老六对这部分知识不熟悉,而是因为每个人的子宫大小确实都不一样,也没什么标准。所谓的正常,只不过是大多数人都在这个范围内罢了……就算不在这个范围内,也只能说是少数,而不是说就一定不正常。

经常有人做完B超检查回来跟我说:"老六啊,医生说我子宫偏小,这要不要紧啊?"

哈哈，其实偏小并不能说明任何问题，只是客观描述。如果你本身体形比较小，那么子宫小一点儿也正常。如果你很高大，那么子宫相应偏大也是正常的……我们的其他器官也是一样的，有的人手大，有的人手小，但是功能、结构都是正常的，都可以写字、翻书、打游戏等，所以不用太担心。

子宫虽然是家长说不清、老师不会讲的器官，但本质上也就是普普通通的器官。

● **子宫的结构**

整个子宫一共可以分为外、中、内三层（图11）。

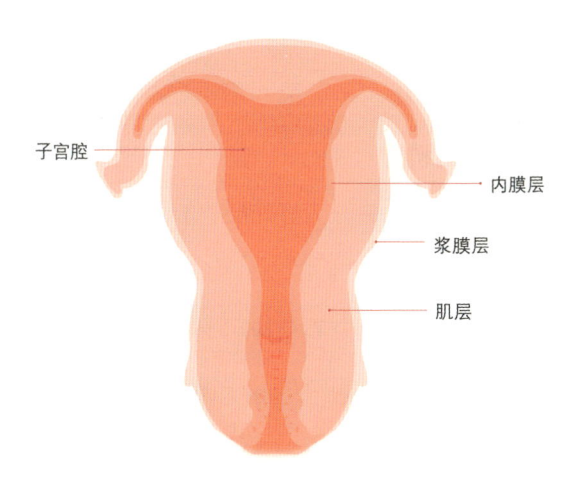

图11 子宫

外层的名字叫浆膜层

这一层就相当于梨外面的那层果皮,是用来包裹子宫的。同时,浆膜层也跟腹膜、膀胱以及直肠表面连接在一起。

中层的名字叫肌层

很好理解,这里主要都是肌肉,而且这些肌肉还分为三层。因为是肌肉,所以多少会有一些收缩力和弹性。注意,这是很重要的部分。如果怀孕的话,子宫的体积就会变成原来的好多倍,所以这里的弹性是很重要的;如果子宫出血的话,肌层的收缩就有助于压闭血管,减少出血量……当然,如果收缩力和弹性一同起效,还可以有效地把产生的经血从子宫腔排出去。只不过这个过程可能会引起原发性痛经,我们会在后文中讲到。

内层的名字叫内膜层

也就是子宫内膜,它也分为好几层,但是这不太重要,你只需要知道再往里就是子宫腔了。

所以,子宫本质上是个空心结构。子宫腔呈倒三角形,上面两个宫角分别跟输卵管的间质部连接,下面那个角连接的就是子宫颈。

子宫腔四周都是子宫内膜,子宫内膜受到卵巢分泌的激素影响,形成周期性波动,随之会有生长、增殖、增厚、剥脱等过程,最终形成月经周期。

月经是如何产生的

虽然每个人对月经都有很多疑问,但是想了解月经,我们需要先了解子宫内膜的变化周期,因为这关系到月经的产生。

先说一下月经的基本概念,它是伴随卵巢周期性变化而出现的子宫内膜周期性剥脱和出血。因此,从一次月经的第一天开始,到下次月经的第一天,称为一个月经周期,通常是21天到35天。一般平时计算或者描述时都按照28天来,但这并不意味着每个人都必须是28天。

从月经的概念来看,我们平时听到的经血里的"毒""寒"什么的,其实都没有,经血的主要成分就是剥脱的内膜和血液,还有一些分泌物、白细胞等,其他啥也没有。一个简单的辟谣小知识顺手送给各位,别再给人灌输什么来月经是排毒之类的说法了。咱们好好的,哪儿有那么多毒啊!

不过话说回来,刚刚的概念也明确指出,月经的产生是由卵巢周期性变化引起的,而卵巢还受下丘脑和垂体调控。这是对前面已学知识的回忆,希望大家不要忘记学过的知识点。

总之,上层结构一顿调控,导致体内的雌激素、孕激素产生周期性变化,而子宫内膜就是这些激素发挥作用的沃土。所以,子宫内膜也会随着激素的变化而变化。整个月经周期分为三个时期（这里是按照 28 天来计算的，图 12）。

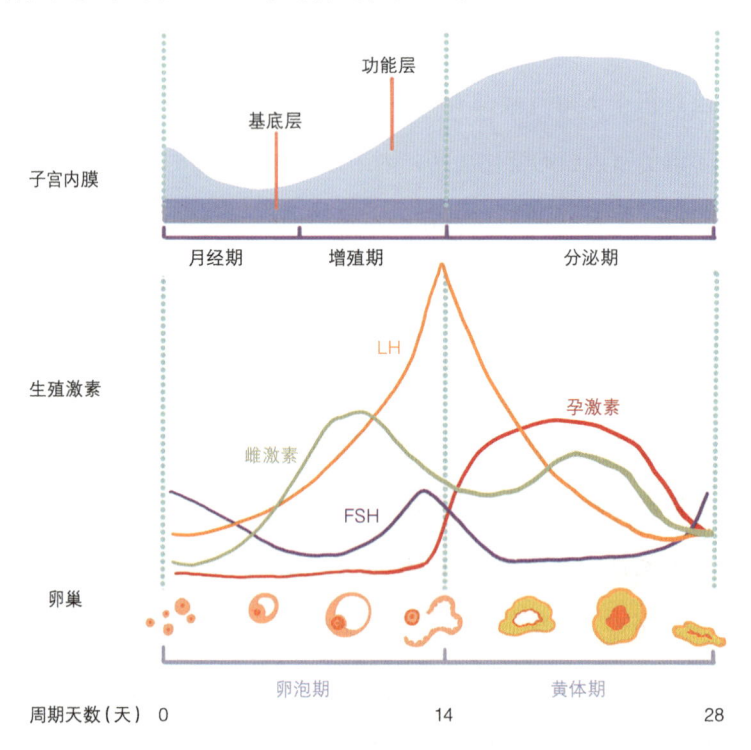

图 12　子宫内膜变化周期、卵泡发育周期以及激素水平变化周期示意图

●月经周期的三个时期

第一个时期叫增殖期

一般是月经周期的第 5~14 天。这个时候，卵巢主要分泌雌激素，作用在卵泡上刺激卵泡生长，作用在内膜上则刺激内膜增

殖。因为之前月经刚结束，所以内膜很薄，一般也就 0.1～0.5 毫米厚，差不多是几张纸的厚度。然后在雌激素的作用下，在这些天里，内膜增厚到 5 毫米左右。这个时候，卵泡成熟了，最终完成排卵。有时候，出于多种原因，卵泡成熟较慢，这个增殖期可能会延长。

第二个时期叫分泌期

一般是月经周期的第 15～28 天。这个时候，雌激素还有，排卵后形成的黄体开始分泌黄体酮，也就是孕激素。这时候，在雌激素、孕激素的双重作用下，内膜持续增厚，基本上能达到 10 毫米左右厚，甚至可能更厚一些。

第三个时期叫月经期

一般是月经周期的第 1～4 天。这个就完全是你熟悉的领域了，你现在也知道了，月经期只是整个月经周期的一部分。当然，虽然说是 1～4 天，但不代表所有女性的月经期就这么几天。每个人的情况都不太一样，通常是 2～8 天，平均是 4～6 天，偶尔波动一下也不要紧。

在月经期，如果女性没有受孕，体内激素水平在正常情况下都会下降，进而无法维持内膜的厚度。这个时候，内膜开始崩解剥脱，出现部分小血管的破裂。这也就是为什么刚刚开始来月经的时候量只是一点点，之后越来越多的内膜剥脱，到了第二天量达到最大。通常整个月经期的出血量平均在 20～60 毫升，如果整个月经期出血量低于 5 毫升则被认为月经量过少，如果超过 80 毫升则被认为月经量过多。只要出现这两种情况之一，就需要去医院检查一下。

当然，有时候我们也很难直观地判断具体的出血量，但我之前多次试验后发现，1 毫升的经血流到卫生巾上形成的面积大概是一个可乐瓶盖那么大。

如果不太确定是不是有月经量过多的情况，也可以重点关注是否贫血，因为长期大量出血是很可能引起贫血的。这也是需要及时处理的一个重要信号。

以上就是整个月经周期的三个时期，也是内膜变化的三个时期，它们又与卵巢中的卵泡期、黄体期相关。这也再次验证，这些器官的变化本身就是相互关联、不可拆开来看的。

当然，还是要说一下，上面所说的只是大致范围。女孩的整个发育过程很难完全像上面说的那样。比如，很多姑娘在 12～14 岁初次来月经，被称为月经初潮。有的更早，在 10 岁左右就来了。刚刚来月经的时候，卵巢和子宫都还没发育完善，月经不太可能周期性地来。一般在初潮后 1.5~6 年，月经才能规律起来。整体算下来，平均每个姑娘是在初潮后 4.2 年才能建立起稳定的月经周期和调控机制。

要注意的是，处在这个年龄段的姑娘其实还面临着很多生理和心理上的变化。这些变化有时候是快速且剧烈的。要接受并消化这些其实还是挺难的，所以情绪常常会有波动，饮食、睡眠等可能也会被影响。这些混合在一起就可能会影响激素水平，最终导致月经周期出现波动。

因此，如果只是平时月经来得不规律，而且也没有什么明显不适，确实不用紧张，实在不放心再去医院检查。但如果 16 岁之后还不来月经，就需要去医院看看，因为有可能存在其他问题。

子宫的生育功能

前面说了月经，月经发生的前提是没有怀孕。如果怀孕的话，那后续在很长一段时间内就没有月经的事情了。所以，子宫除了产生月经，还有一项生理功能——怀孕，用不用这项功能咱们另说，但确实有这么回事。

而且，无论是卵巢还是输卵管，无论是分泌激素还是排卵，基本上都与怀孕这项功能相关。所以，这一整套器官组成的系统才叫生殖系统。

咱们前面讲了，在形成受精卵之后 4 天左右，受精卵进入子宫腔，一边进行分裂、增殖，一边在子宫腔里游荡，终于在受精卵形成后的 12 天左右，找到合适的地方停下来，进行受精卵着床。这下算是踏踏实实在子宫腔内扎根了。

接下来就进入胚胎发育期，一般从末次月经第一天开始算，10 周内的称为胚胎。这个时候还不算胎儿，从第 11 周起，才能称为胎儿。

可能很多人都挺好奇我们是怎么从一个受精卵慢慢发育成一个人的，我们可以从下页这个流程图大致看到整个发育过程，这恐怕是生我们的妈妈也不一定能说全的知识（图 13）。

第 24 周
（胎儿大小如圆茄子）

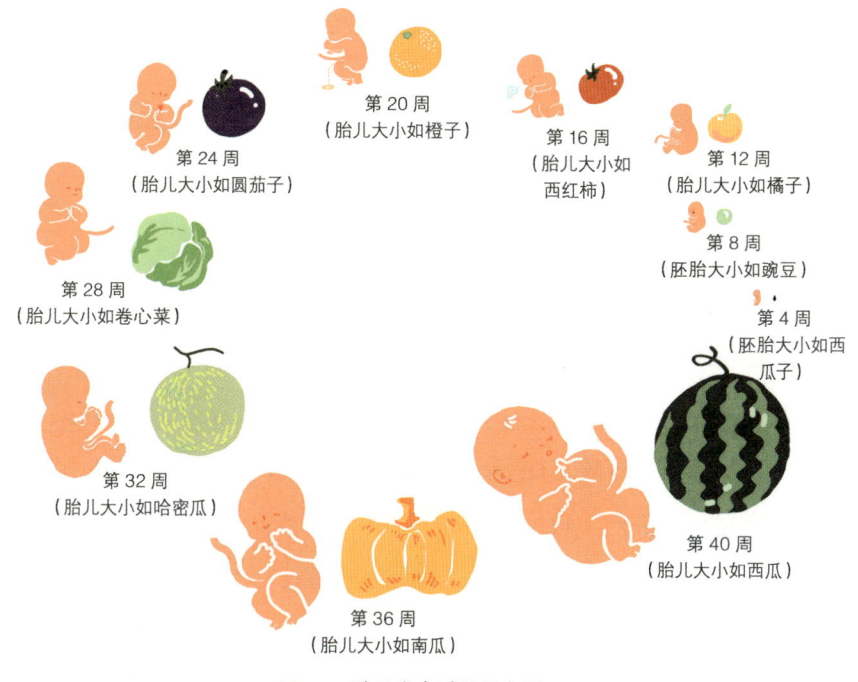

第 20 周
（胎儿大小如橙子）

第 16 周
（胎儿大小如西红柿）

第 12 周
（胎儿大小如橘子）

第 8 周
（胚胎大小如豌豆）

第 28 周
（胎儿大小如卷心菜）

第 4 周
（胚胎大小如西瓜子）

第 32 周
（胎儿大小如哈密瓜）

第 40 周
（胎儿大小如西瓜）

第 36 周
（胎儿大小如南瓜）

图 13 胎儿发育过程示意图

第 4 周末，刚开始的那一团细胞逐渐形成胚胎。

第 8 周末，能看到小人儿模样了，而且还有原始心脏搏动。

第 12 周末，胎儿的四肢已经可以活动了，手指和脚趾都可以分辨出来。

第 16 周末，胎儿出现呼吸运动，部分孕妇能感觉到胎儿的活动。

第 20 周末，胎儿出现吞咽和排尿功能，羊水里有相当一部分是尿液。

第 24 周末，胎儿各个脏器开始发育，皮下出现脂肪堆积。

第 28 周末，胎儿体重达到 1000 克左右。依照目前的医疗水平，此时出生有可能存活。

第 32 周末，胎儿体重继续增长，个头也在持续变大。

第 36 周末，胎儿马上足月，体重能达到 2500 克左右。

第 40 周末，胎儿发育成熟。

虽然只是短短几行字，但是基本上能勾勒出我们从一个细胞发育成一个人的大致过程。这个过程既是神奇的，也是充满各种可能性的。而且，这个过程会让这个世界多一个跟我们一样的生命。这个生命来到世界上要经历我们所经历的，还要经历我们从未经历的……想想都觉得不可思议。

在这个过程中，子宫从一个梨的大小，慢慢变到西瓜那么大，又要在孩子出生之后恢复到当初的模样。这个过程对于子宫来讲本身就是很大的挑战。

到这里，我们就把子宫的基本功能讲完了，但还有一个小功能需要大家了解。

子宫的附加小功能

子宫的位置正好在我们盆腔的正中间，在子宫周围还有三对韧带。这些韧带除了可以固定子宫的位置外，还连同子宫一起构成了托住盆腔中各个脏器的一张大网。

我们都知道，直立行走的人的骨盆中间其实是空的。如果没有这张大网兜着的话，腹部的脏器可能就在重力作用下掉下来。有了这张大网，就能很好地保护和托住它们。

但是，随着我们长大、慢慢变老，这张大网也会慢慢失去弹性，慢慢脱垂下来。讲到这里，你们也可以问问自己的妈妈或者其他女性长辈平时是不是有漏尿的情况，或者总有从阴道里掉下东西来的感觉，这可能就是子宫脱垂。

学习了知识，还可以借此关心长辈，多好。

子宫相关疾病

前面讲了子宫的基本结构和功能,接下来讲讲跟子宫相关的一些疾病。

● 排卵障碍相关异常子宫出血

这是青春期姑娘很常见的一种情况。顾名思义,就是卵巢的排卵功能出现了障碍,导致激素水平波动,进而影响子宫内膜,导致异常子宫出血。

异常原因

按照 2014 年中华医学会妇产科学分会对排卵障碍相关异常子宫出血的定义,主要就是由稀发排卵或不排卵,以及黄体功能不足等原因,导致下丘脑 – 垂体 – 卵巢那一套系统失灵,激素分泌的调节出现异常,最终导致子宫内膜不知道该怎么办……情急之下,哗,出血了。

如果具体分析的话,上述情况的影响主要体现在月经上。比如,如果卵巢总也不排卵,那么就会一直只产生雌激素,这种单一激素作用在内膜上就会让其处在增殖状态……但是,冷不丁一波动,或者量减少了,就很容易让内膜"一个趔趄",出现异常,最终就会导致经血增多或者经期延长好几天。

这种激素水平波动的情况也见于排卵期，卵子排出之后，雌激素和孕激素并行，但是有可能配合不太好，中间出现波动，也有可能导致内膜在排卵期出现波动。这一波动不要紧，哗，又出血了。

又如，黄体功能不足，这就意味着排卵之后形成的黄体产生孕激素的能力比较差，或者黄体比正常时间早几天就萎缩了……这就导致孕激素不够，提前歇工。这个时候，月经就会提前来。最终导致的结果就是月经周期缩短，月经频发。

检查与治疗

当然，这些都需要找医生进行评估和判断。如果连续三个月经周期都是这样的话，那就有必要去找医生检查激素水平和做妇科B超检查了。必要时，医生会给出药物治疗方案，一般都会选择使用雌激素和孕激素来治疗。相信在我讲了这么多关于激素的知识点之后，你们应该能理性地看待雌激素和孕激素治疗方案了吧？

因为激素类药物是处方药，在这里我就不写出来了。如果有问题的话，还是应该去医院看看。

●子宫内膜息肉

前面说了如果出现子宫异常出血,最好去做下妇科 B 超检查。其实做妇科 B 超检查时,重点看的就是内膜的情况,其中最常见的一种疾病就是子宫内膜息肉(图 14)。

现代医学通常把生长在人体黏膜表面上的赘生物统称为息肉,简而言之,就是人体的黏膜表面长出了身体不需要的组织,比如子宫内膜上长出来的赘生物。从组织学的角度看,息肉包括增生性息肉、炎症性息肉、错构瘤、腺瘤及其他肿瘤等,基本上以良性为主,极少数情况下有恶性的可能。

所以,就算真的长了息肉也不用太担心。

子宫内膜息肉通常发生于任何年龄层有月经史的女性,出现

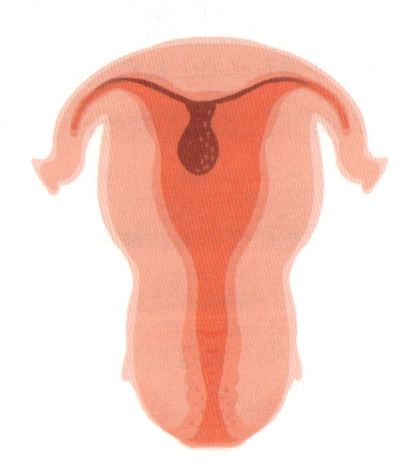

图 14 子宫内膜息肉

的原因是子宫内膜周期性剥脱。在月经第 3 天左右内膜就开始修复，到下个周期再剥脱、再修复……在炎症刺激和激素的影响下，有些地方的内膜开始变得不均匀。起初可能是增厚，慢慢就长成了息肉。

一旦长了息肉，可能会出现不规则出血、月经延长、经血过多等症状。但是，息肉本身只是赘生物，长得并不怎么牢靠，有可能随着内膜一起剥脱。如果息肉不能掉落的话，那咱们就得去医院查查了。

具体的检查方法如下。

1. 妇科查体

通常内膜息肉长得比较大的时候就会从宫颈口脱出来，通过阴道就可以看到，但是对于没有性生活的女性，是无法通过妇科查体直接发现的，所以就需要借助第二种方式。

2. 妇科 B 超检查

对于没有性生活的女性来讲，通过经腹部的妇科 B 超检查就可以看到子宫内膜的情况。基本上一目了然，如果有息肉的话自然就看得出来。

在治疗方法方面，其实也不算太复杂，可以用药物让内膜萎缩，进而让息肉也萎缩变小，最后脱落下来；也可以选择通过手术摘除息肉。这也是医生需要负责的范畴，只要你去的是正规医院，基本上接下来的治疗就有保障了。

●子宫肌瘤

这四个字你肯定不陌生。当初，我选择学妇产科，跟身边的人说我所学的专业时，那些朋友为了证明他们对我这个专业有所了解，都会说："嗯，我了解你这个专业，就是子宫肌瘤之类的，对不对？"

我通常都会笑着附和……这说明子宫肌瘤确实是家喻户晓的，并且发病率也确实不低。虽然在你们这个阶段发生子宫肌瘤的概率很低，但是基本上到了30岁之后，五个女性里就有一个有子宫肌瘤。这还是保守估计的，因为很多人长了子宫肌瘤自己并不知道，所以子宫肌瘤的真实发生概率可能更高。

因此，我觉得大家还是提前了解一下比较好。

病因

目前主流观点认为，子宫肌瘤的发病跟患者发育过程中自身对雌激素水平的敏感度有一定关系，同时也跟7、12、17号染色体异常有一定关系。虽然子宫肌瘤跟雌激素有关，但主要是跟自身雌激素水平以及肌瘤组织对雌激素水平的敏感度相关。

也就是说，日常生活和治疗中规范使用雌激素是没有问题的。不过还是要提醒一下，这里指的是遵医嘱规范用药，如果是滥用或私自使用雌激素还是存在风险的。

预防

这也是大家关心的问题，但是很抱歉，通常这种无法明确发病原因的疾病都没什么预防方法，基本上是你长，它也长。既然无法预防，那就只能尽早发现尽早处理了，这也是建议大家长大之后每年做妇科 B 超检查的原因。

当然，你们都还年轻，但是你们的妈妈和其他女性长辈都处在子宫肌瘤的高发期，因此看完这部分内容后一定要记得提醒她们去检查。

临床表现

具体临床表现主要跟子宫肌瘤（图 15）的大小、数量以及生长的位置相关。

1. 月经及白带改变

主要是因为黏膜下肌瘤和肌壁间肌瘤会增加子宫腔面积，进而导致内膜面积增加，月经量和周期受影响。同理，在非月经期，会因为肌瘤刺激内膜腺体而产生更多白带。如果伴随感染的话，还有可能出现脓血样白带，并伴有组织坏死及恶臭味。

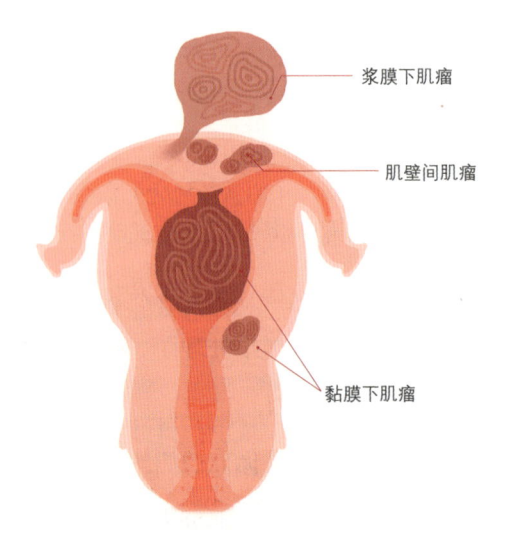

图 15　子宫肌瘤

2. 肿物压迫和游走

如果子宫肌瘤长得比较大或者占据了重要部位，比如宫颈、子宫前壁及后壁，就很容易压迫到膀胱、尿道、直肠等，轻则影响排便，重则引起排便困难等。此外，子宫浆膜下肌瘤可以在腹腔里游走，子宫黏膜下肌瘤长到很大的时候也有可能从子宫腔掉到阴道里。

3. 不孕

单独提一下对怀孕的影响，主要是因为子宫肌瘤的位置有可能会影响子宫腔形态以及堵塞生殖通道，进而影响受精卵的形成和着床。一般来讲，对于有生育要求的患者，需要专业医生来制订相应的治疗方案。

治疗

一般来讲，没有以上症状时是不用对子宫肌瘤进行处理的。如果要治疗的话，要综合考虑患者年龄、生育要求、子宫肌瘤位置等方面，才能给出相对合理的治疗方案。常见的治疗方案有以下几种。

1. 观察

如果子宫肌瘤很小或者患者没症状，就可以先不处理，定期随诊就好。

2. 药物

激素或者类似药物治疗，可以抑制子宫肌瘤生长。

3. 做手术

手术的方式有很多，如开腹手术、腹腔镜手术、射频消融术、子宫动脉栓塞术等，具体方案还要具体分析。

这里只是简单讲讲，让大家有个大致的了解。我倒是希望你们永远用不到这些知识点。

当然，就算忘记了也没关系，因为之后还有可能提到，可以温故而知新；哪怕后面不提也没有关系，什么时候需要了，记得翻看书中的内容就好。

●子宫发育异常

这里稍微补充一些知识点,虽然子宫发育异常并不是很常见,但也有一部分人存在这样的情况,我们需要照顾到。因为如果不了解的话,很多人会陷入自卑或者无法接受自己的情绪中。

所以,在这里我们要说一下,子宫是否发育异常不是我们能决定的。如果在胚胎发育阶段就出现异常,这种异常会一步一步发展,最终我们就带着异常出生了。

常见的异常有子宫未发育或发育不良、单角子宫(或残角子宫)、双角子宫、双子宫、纵隔子宫、弓形子宫等(图16)。

单角子宫　　双角子宫　　双子宫

纵隔子宫　　弓形子宫

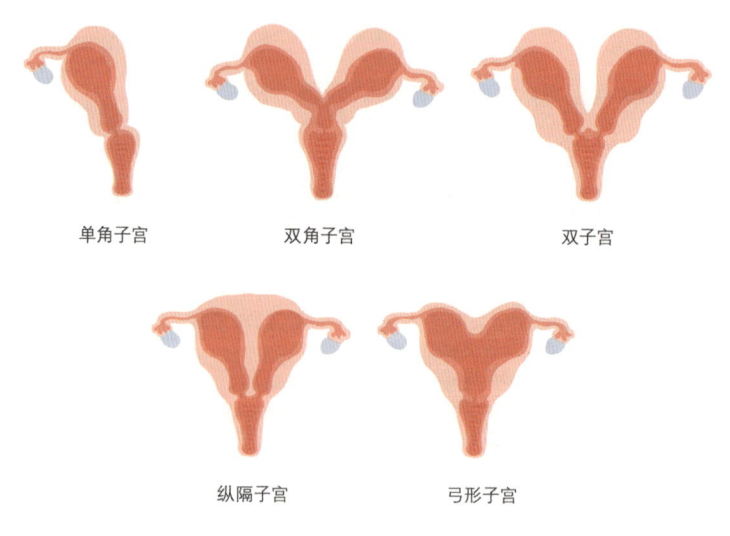

图 16　异常子宫

这些异常子宫在形态上各不相同，治疗方案也有所不同。有的需要治疗，有的则不需要治疗，定期随访就好。总之，在这里咱们只做简单介绍，目的是让大家知道还有很多我们不知道的情况存在。

毕竟，未知的总比已知的要多很多。

宫颈的位置

虽然严格来讲，宫颈算是子宫的一部分，但是因为宫颈的位置比较特殊，而且大家也都听到过很多关于宫颈的信息，所以咱们还是要单独聊聊。

● **宫颈在哪儿**

之所以从这么简单的问题讲起，是因为有很多人，即使已经成年了，甚至已经有孩子了，但是当你问她们宫颈在哪里时，她们也不一定能答得上来，更不要说了解宫颈的结构和功能了。

所以，要想认识器官，就要先了解器官所在的位置。就像我们知道自己的鼻子在哪里一样，宫颈的位置我们也要拿捏得明明白白。

宫颈，听上去跟瓶颈有些类似，实际位置也类似。宫颈就是子宫的颈部，靠近其开口处。前文说子宫像倒置的梨，但其实子宫里是有子宫腔的。因此，也可以把子宫比喻成一个倒置的瓶子，瓶子的颈部和开口处就是宫颈（图17）。

宫颈上面连接子宫及子宫腔，下面连接阴道，而子宫腔和阴道之间连通的细窄的通道就叫子宫颈管（简称宫颈管）。

宫颈管内的细胞是柱状上皮细胞，这些细胞的主要功能是分

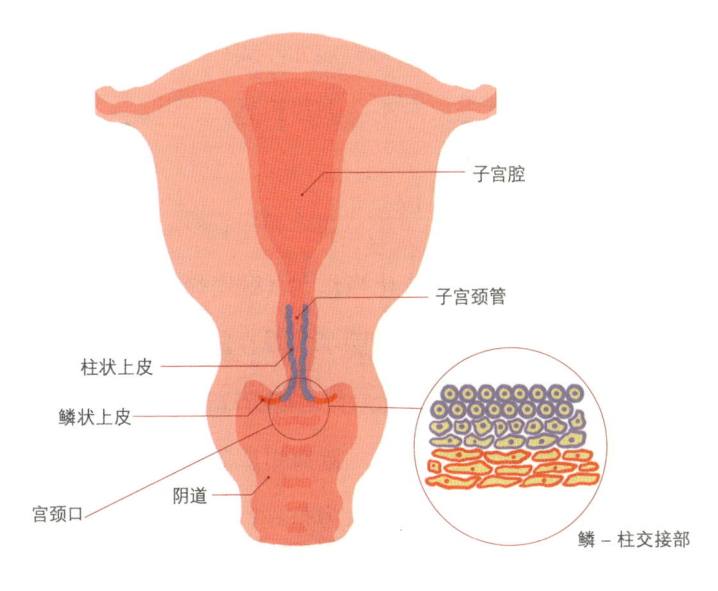

图17 宫颈

泌碱性黏液。在宫颈表面，也就是瓶口上的细胞，是鳞状上皮细胞。这些细胞的主要功能是保护宫颈表面，因其结实、耐磨。这两种细胞的交界地带被称为鳞－柱交接部。它有点儿像我们去海边的时候看到的海水和沙滩交接处的海岸线。在海边，我们可以看到，随着潮起潮落，海岸线会前进或后退。同理，宫颈上的"海岸线"也会移动。尤其是在青春期之后，卵巢开始发挥其作用，分泌出雌激素。在激素的刺激下，宫颈管里的柱状上皮开始向外移动，慢慢移动到宫颈的表面。因为柱状上皮看起来是红红的、疙疙瘩瘩的，对比于鳞状上皮的那种平整、光滑、淡粉色或灰粉色的外观，前者确实显得有点儿吓人……但其实这只是激素水平变化导致的柱状上皮向外移动罢了。

● 宫颈柱状上皮异位

过去，很多人把这种变化当作"宫颈糜烂"，但是从 2008 年起，这个词已经从教科书上废除了，现在医学界直接把这种变化改名为宫颈柱状上皮异位。如果你之前听说过"宫颈糜烂"，那么从这一刻起，就需要把它从你的脑海里删除，因为从此它只能存在于医学史中，而不应该再被认为是一种诊断，更不能被当成一种疾病，无须治疗。

但是，在成长过程中，你还是可能会听到家人、朋友或医生提及跟这个词相关的描述，比如轻度、中度、重度"宫颈糜烂"、Ⅰ~Ⅲ度"宫颈糜烂"、病理性"宫颈糜烂"等，这些基本上都还在沿用 2008 年以前的医学内容。有的人可能没有及时更新自己掌握的知识，有的人完全不理解这些，也有的人故意用这些名字来吓唬人，毕竟大家看到"糜烂"之后，脑海里总是会不自觉地出现很多相关画面，这些都有可能让我们觉得情况很糟糕。

所以，或许从我们这一代开始，可以认认真真地使用它正确的名字——宫颈柱状上皮异位。这样似乎听上去温和很多，而且也没有那么吓人，甚至可以将它理解为正常的生理变化。而我个人更倾向于叫它"宫颈柱状上皮移位",这听上去进一步减少了恐怖感(只可惜,我说了不算)。

之所以在这里着墨颇多,主要是因为这确实是困扰很多年轻女性的问题。如果我们在一开始学习的时候,就能学到最新的知识,那么就可以从根本上避免被那些谣言和错误蒙蔽。

说完这些,我们要回顾一个知识点,那就是外界跟阴道相通,通过宫颈管连通子宫腔,又通过宫角连通输卵管,再通过输卵管的伞端连通盆腔……你脑海里是不是一下子就勾勒出来这样一条通道了?但是,这不会直接导致外界的有害物污染子宫腔和盆腔吗?

说到这里,就要讲到宫颈的功能了。

宫颈存在的意义是什么

大家都听过"一夫当关,万夫莫开"吧?是的,宫颈在这里就是这"一夫"。它守在这个内外交界的口子上,既要确保通道在该通畅的时候保持通畅,又要保证在需要封闭的时候保持大门紧闭。

具体是怎样实现的

这就要回到我们前面所说的那些在宫颈管内的柱状上皮细胞,以后无论你在哪里看到"柱状上皮细胞"这个名词,都要在第一时间意识到它很有可能是具有分泌功能的。前面我们说它可以分泌碱性黏液,这些黏液平时就在宫颈管中形成一种宫颈黏液栓,用来堵住宫颈口。这样就算外界跟阴道相通,也很难跟子宫腔相通。

黏液的分泌受什么控制

我先不说答案,你凭借之前所学的知识试着回答一下。

是的,没错,就是受卵巢控制。卵巢分泌的雌激素、孕激素也同样控制着宫颈管内柱状上皮细胞的分泌。在来月经的时候,体内雌激素水平是最低的。这个时候,宫颈管内的黏液很少且黏稠，会堵住宫颈口。随着雌激素的增加，分泌的黏液逐渐增多。到了排卵期，黏液就很多了，变得稀薄，成拉丝状（图18）。当然，黏液增多是为受孕做准备。这些增加的黏液帮助更多的精液进入子宫腔中，这样会提高受孕的概率。黏液的这种状态会保持一段时间，之后随着激素水平逐渐下降，黏液又会变少、变得黏稠，直到再把口堵上。如此周期性变化。

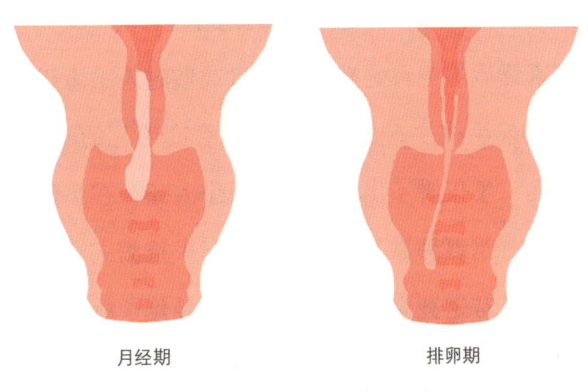

月经期　　　　　　　　排卵期

图18　宫颈黏液分泌情况示意图

是的，又回到了周期上。我们妇产科思考或解决问题时都需要从周期性来考虑，这也是妇产科不同于其他学科的地方。刚开始，我还担心一上来就讲卵巢的知识会不会让大家觉得很陌生，可是这样写下来，我庆幸自己当初的决定没有错。因为如果把整个生殖系统比喻成一辆车的话，那么卵巢就是发动机，它的变化牵动着每一个部分。在之后的学习中，你们也会慢慢了解到其中的奥秘。

宫颈上会有哪些问题

估计在前面我们讲"宫颈糜烂"的时候，你内心已经充满了小问号。既然这不是病，那宫颈上真正的问题有哪些呢？

咱们先来说说宫颈口的形态。不知道你有没有听过坊间传言：医生可以通过宫颈的形态看出这个人以前有没有怀孕过、有没有做过人工流产手术……听着是不是很玄乎？

其实，这背后的逻辑是默认怀孕过或做过人工流产手术之后的宫颈形态会发生改变，尤其是宫颈口会有明显的不同。然而，事实并非如此。不仅看不出来，而且每个人还存在个体差异。所以，还是趁早打消那种靠某个部位的形态来猜测人家既往经历的念头。一方面是有这种念头的人对个体差异化了解存在偏差，或者既往认知存在偏见；另一方面则是对别人的不尊重。

肯定有人会说："老六，你就好好讲科普，不要穿插这么多没用的话。"但事实上，很多姑娘就正在经历这些事情。我在这里写下来，或许就有可能帮到她们，以后她们就知道该如何看待这件事情，以及该如何回应别人的那些无端猜测了。

有时候，为了保护自己，我们不仅需要科学知识，还需要理性分析能力。

● 宫颈口的形态

常见的宫颈口形态包括"一"字形和"O"字形（图19）。

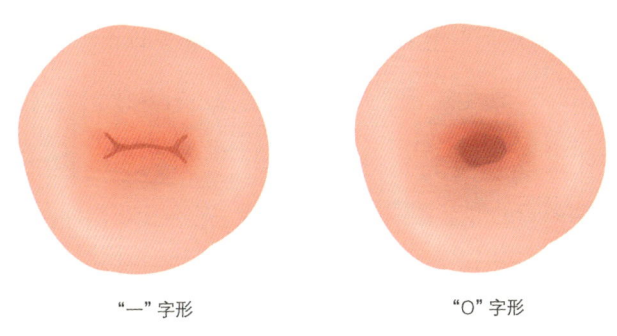

"一"字形　　　　　　　"O"字形

图19　宫颈口的不同形态

有人说，"一"字形的宫颈口常见于有生育经历的女性。从逻辑上来讲，应该是有生育经历的女性的宫颈口大多呈现"一"字形，而宫颈口呈现"一"字形的女性中有一小部分天生就是这样的，跟有没有生育经历并无关系。

也有人说"O"字形的宫颈口常见于未生育的女性。这也是不太对的，因为有个别女性生过孩子之后，宫颈口还是"O"字形，看不出什么差别。

喏，你看，根据宫颈口形态判断是否有生育经历是挺不准的。

有时候，宫颈如果经历过一些裂伤或损伤，表面就会留下瘢痕。除了生育过程，一些跟宫颈相关的手术也会造成宫颈损伤，而且有些人先天性子宫颈发育异常。

一般来讲，只要生育过程顺利、手术操作规范，宫颈表面就不会留下很明显的痕迹，甚至有时候都看不出来曾经做过手术，所以大家对这方面不用太担心。只不过，如果存在先天发育问题的话，就需要找医生进行评估，看看是否还有其他相关问题。

聊完宫颈口的形态之后，咱们再来说说宫颈上可能存在的疾病。

● 宫颈炎

这是一种很常见的妇科炎症。通常来讲，炎症很难直接到达宫颈，毕竟在宫颈之前还有很多道"防护屏障"，但是也存在很多客观原因，导致病原体有机会突破层层防护屏障，最终到达宫颈。比如，阴道中的炎症、清洁不到位的性生活以及损伤等，这些是有可能影响宫颈、引发炎症的。尤其是我们前面说的宫颈管的柱状上皮细胞移位处，这些地方挺脆弱的，很容易出现炎症。

如果进行细分的话，可以将宫颈炎分为急性宫颈炎和慢性宫颈炎。

急性宫颈炎

主要发生在宫颈口附近。如果进行检查的话，可以看到明显的充血、水肿等情况，表面还会有很多浓稠的脓性白带。因为宫颈表面比较脆弱，所以偶尔还会有出血的情况。但是，大部分人其实没有太明显的症状，主要就是白带增多、黏稠，有时候带血丝，并且在非经期也可能有少量出血，血混合着浓稠的白带流出来。如果进行性生活的话，也有可能会出血。

在治疗方面，一般就是在明确诊断病原体之后，针对性地选择抗生素治疗。如果有性伴侣的话，性伴侣也需要一起进行治疗。

慢性宫颈炎

从名字来看，我们很容易联想到是因为治疗不及时，急性宫颈炎拖延成了慢性宫颈炎。当然，确实有这种情况，只不过还有另外一种情况：刚开始感染时，病原体并不怎么凶猛，感染就这么慢慢悠悠、不徐不疾地持续着。虽然整个过程并没有急性宫颈炎那么"轰轰烈烈"，但持续时间久了，也确实会让宫颈始终处在炎症状态。

一般来讲，针对慢性宫颈炎的治疗就没有那么积极主动了。因为它长期持续存在，很多人都没什么症状，甚至可以说在临床上大多数人都有不同程度的慢性宫颈炎。如果没有明显不适症状，同时也没有什么典型的病原体，就不用那么积极主动地去治疗。

因为身体有时候已经建立了某种动态平衡，不去处理还行，如果去处理的话，没准儿反而出现一大堆问题，所以并不是所有炎症都必须立马处理。

比如有时候去体检，医生会给出一个常见的诊断：宫颈轻度炎症。估计也没人跟你解释其后面的潜台词。所以，我就把这层窗户纸捅破，这句话就像你去做胃镜，就算啥事儿都没有，医生也会给你一个诊断：浅表性胃炎。

为啥呢？简单来讲，就是总得有个诊断，要是什么都没有，就显得有些不严谨。毕竟凡是人就有可能存在疏漏和判断错误，所以基本上医生都会给出一个轻症诊断。这个轻症诊断约等于告诉你："不用担心，踏踏实实回家吧！"

除此之外，有时候医生还会说"宫颈肥大"之类的话，其实这也是类似的意思，通常也是不用管的。

好了，关于宫颈炎的部分就讲到这里。

●宫颈囊肿

准确的叫法是宫颈腺囊肿，又称纳氏囊肿（图 20）。

这种囊肿的产生跟咱们前面讲的鳞 – 柱交接部有一定关系。在那个交接的地方，鳞状上皮会逐渐取代柱状上皮，覆盖在柱状

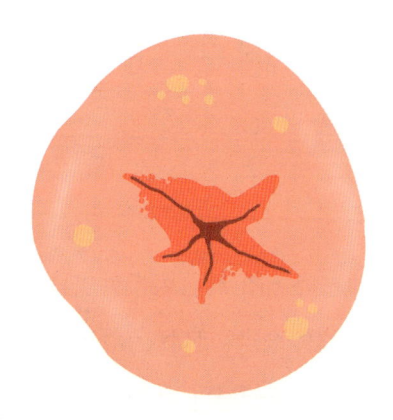

图 20　宫颈腺囊肿

上皮上，进而挡住那些分泌黏液的管道……相当于直接把口封上了。如果这个时候分泌黏液的管道还在继续产生黏液，黏液就只能憋在里面，慢慢便形成了小小的囊肿。

宫颈腺囊肿大致就是这么形成的，通常是不需要处理的，女性或多或少都会有一些这样的情况。因此，如果你听到医生说你的宫颈上有宫颈腺囊肿，其实不用太担心。医生往往只是跟你说说，并不会对你进行治疗。

何时需要治疗呢？

那就要看宫颈腺囊肿的大小和位置了，通常不需要处理是因为囊肿的存在不影响宫颈的功能和结构。但如果囊肿影响了宫颈管的通畅，并且破坏了宫颈的结构，导致宫颈不能很好地完成"一夫当关，万夫莫开"的使命的话，还是需要进行及时治疗的。

治疗方法就是做手术，需要医生来判断患者是否有明确的手术指征。

●宫颈息肉

有些人认为宫颈息肉（图21）跟慢性炎症相关，也有人认为跟遗传有一定关系。整体来讲，具体的成因还不是太明确。宫颈息肉通常肉眼就能看到，在临床上进行妇科检查的时候医生就能看到大小不一、形态各异的息肉，有的是从宫颈管里脱出来的，有的是直接长在宫颈上的，基本上都是圆润、扁滑的样子，而且通常是红色的、充血的。这是因为其内部血流丰富，在炎症的刺激下宫颈也会充血、水肿。

图21 宫颈息肉

一般患者都是在来医院检查的时候才发现自己长了宫颈息肉，这说明绝大多数人并不知道自己长了息肉，也并没有什么明显症状。但还是有一部分人会出现一些症状，常见的症状有下面这些。

1. 出血

息肉里有很多新生的小血管，摩擦或者性生活过程中的碰撞、刺激等会导致小血管破损，从而流出点滴状的（因为血管很细）、鲜红的血。因此，宫颈息肉需要跟前面提到的宫颈炎症以及后面会讲到的宫颈病变进行鉴别。

2. 白带异常

严格来讲，这跟上面一种症状是有关联的。出血之后，这些血液与白带混合，导致白带也发生了异常，有可能会带有血丝或者变成褐色。因此，很多不了解的人可能就慌了，总感觉自己得了什么大病。

虽然息肉不是大病，而且本身的恶变概率也很低，但是出血和白带异常又会反过来增加炎症、感染的发生概率。因为血液是细菌等病原体的良好培养基，所以息肉会在无形中增加炎症发生的风险。

那么问题来了，该怎么治疗呢？

做手术。是的，最简单、直接的方法就是让医生通过做手术将息肉摘除。对付它，医生总有办法。当然，术后还要将摘除下来的组织送病理科，等待病理结果。确认其是息肉之后，治疗就结束了。

●宫颈病变

终于讲到这一部分了。按道理讲，老六作为科普作者，应该致力于把知识点科普好，把健康信息传播好，尽量少掺杂个人情感……之所以每次讲到宫颈病变这部分，我都会忍不住兴奋，是因为这就是我在研究生阶段的研究方向，也是我决定开始做科普的契机，这么多年不知道给多少人科普过这部分内容了。每当提到它，我还是会有一种莫名的归属感，好像我本来就应该研究这个。

好了，不煽情了，咱们点到为止，下面来讲讲这部分的知识点。

什么是宫颈病变

宫颈病变，全名叫宫颈上皮内病变，其实是下生殖道上皮内病变这一大类中的一种，其他病变还有外阴上皮内病变以及阴道上皮内病变。在我重复说"病变"几遍之后，想必你已经大致读明白这个病的意思了。

这个病变是真正存在的从细胞层面上出现的疾病，可不是"宫颈糜烂"那种来自语言的空洞的恐吓。这个病变按照严重程度可分为低级别病变和高级别病变。发展为高级别病变之后，如果继续发展的话就是宫颈癌了。

看到"宫颈癌"这几个字，你就明白这种病的严重性了吧？如果简单来理解的话，宫颈癌并不是凭空出现的，而是从低级别病变慢慢发展到高级别病变，再慢慢发展到宫颈癌的。这中间的时间跨度可能是 5~20 年，具体因人而异。

从发生年龄上也能大致发现这个过程：宫颈病变的高发年龄是 25~35 岁，而宫颈癌的高发年龄基本上是 40 多岁。注意，当我们看到这些数据的时候，就已经有些晚了，因为统计数据反映的都是好几年前的情况。很明显，近些年来，宫颈病变已经出现了年轻化的趋势。我在临床上遇到过 19 岁就发生高级别宫颈病变的情况，甚至还有 21 岁就已经发展为宫颈癌的情况。

虽然都是非常个体化的情况，并不能作为普适性样本，但是当疾病落到具体的某个人身上时，那可能就是天大的事了。

所以，你们现在读这本书刚刚合适。这也是督促我要又快又好地写出这本书的动力，早一天写出来，就能早一点让大家看到这部分内容。

病变原因

好了，既然宫颈病变这么严重，那么它发生的原因是什么呢？

HPV（人乳头瘤病毒）。是的，这三个字母是宫颈病变的主要病因，其他还有一些生活环境之类的影响因素。这里我就不展开了，咱们在第三章会重点说说 HPV。

如何检查

讲到这里，你可能会很迫切地想问："那要怎么检查自己有没有病变呢？"

先不着急，咱们分不同的情况来讲。

1. 对于没有性生活的女性来讲

没有性生活的女性感染 HPV 的概率是很低的，这就意味着发生宫颈病变或宫颈癌的概率也是极低的。如果你已经接种过 HPV 疫苗，那么可以说你发生宫颈病变或宫颈癌的概率就非常低了……原谅我的词汇量匮乏，虽然不能说 100%，但能说对于这个概率我们真的不用太担心。

2. 对于已经有性生活的女性来讲

虽然不知道是否感染了 HPV，但性生活还是让整体感染概率大大增加了。这个时候就要做检查，进行 HPV 检查和 TCT 检查（液基薄层细胞学检测）。前者是检查目前感染了哪些 HPV 型，后者是通过获取宫颈上脱落的细胞，直接看是否存在病变细胞，这可以帮助医生粗略地判断是否有病变的可能。接下来，为了更加明确具体病变情况，就需要进行阴道镜活检术。这种方法就是在电子阴道镜下，在存在可疑病灶的地方取材，进行活检，通过组织病理学检查完成最终诊断。

要记住，组织病理学检查是诊断宫颈病变的金标准，用其他方式诊断出来的宫颈病变都不是最准确的。

何时检查

当然，很多人可能不知道应该在什么时候去检查，这里有两种方式供你参考。

第一种，如果出现性生活之后的出血或者妇科检查之后的出血，那么应该排查一下宫颈病变的可能。

第二种，目前，相关医学指南给出的大致建议见表1，供大家参考：

表1 子宫颈癌筛查方案

人群	筛查方案
25岁以下女性	筛查起始年龄为25岁。因为25岁以下女性HPV感染率较高，但多为一过性感染，子宫颈癌的发病率低。如果过早干预，则可能对妊娠结局产生不利影响。随着年轻女性HPV疫苗接种率的逐渐升高，HPV相关癌前病变和癌的发生率可能会进一步下降
	若是有多位性伴侣、过早开始性生活或感染了人类免疫缺陷病毒（HIV）等的高危女性，推荐提前筛查并适当缩短筛查间隔

续表

人群	筛查方案
25~64岁女性	每5年一次的HPV核酸单独检测，或联合筛查；或每3年一次细胞学检查
65岁以上女性	如既往有充分的阴性筛查记录（即10年内有连续3次细胞学检查，或连续2次的HPV筛查或联合筛查，且最近一次筛查在5年内，筛查结果均正常），并且无CIN（宫颈上皮内瘤变）、HPV持续感染，以及无因HPV相关疾病治疗史等高危因素，可终止筛查
	如从未接受过筛查，或65岁前10年无充分阴性筛查记录，或有临床指征者，仍应进行子宫颈癌筛查

当然，上面这些仅供参考。毕竟如果连续几次检查结果都是阴性的话，就不需要那么频繁地检查了，可以适当延长检查间隔时间。

到这里，关于宫颈病变的部分就讲完了，但是我猜想很多人对于HPV肯定还有一些疑问，我会在后文中解答。

阴道的功能和结构

阴道这个名字大家都不陌生，虽然在网络等地方这个名字一直被当作"敏感词"来对待，但是严格来讲，这就是我们身体的一个器官，普普通通的器官，跟人体的其他器官一样，勤勤恳恳地做着自己的本职工作。但目前，我们好像暂时还没有办法大大方方地对它进行认真探讨。不过，你能看到这本书，至少说明这个情况在一点点改变，不是吗？

● 阴道的功能

从功能上讲，阴道兼具了三项功能。

第一项功能：排出经血

我们在前文讲了月经的发生机理，经血会通过宫颈流入阴道中，并从阴道排到体外。从这个过程来看，至少在女性来月经的时候，阴道就已经跟外界相通了，不然经血也排不出去。

第二项功能：娩出胎儿

这个很好理解，对于自然分娩的女性来讲，胎儿需要通过宫颈和阴道才能真正来到这个世界上，所以自然分娩也叫阴道分娩。

第三项功能：参与完成性行为

阴道的下半部分聚集了大量感觉神经，刺激阴道可以给人带来快感，所以从生理层面来看，阴道具有参与性行为的功能。

●阴道的结构

说完功能，我们就来了解一下为什么阴道可以在生理层面上"实现"这三项功能。这要从阴道的结构说起（图22）。

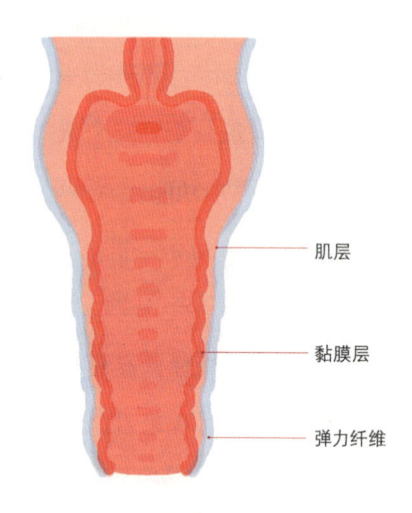

肌层

黏膜层

弹力纤维

图22 阴道

阴道本身是一个上宽下窄的管状结构，上接宫颈，下接外阴。阴道平时处于前壁贴后壁的闭合状态，其中前壁的长度是7~9厘米，后壁稍长一些，能达到10~12厘米。整个阴道壁是由内层的黏膜层、中间的肌层和外层的弹力纤维组成的，这些组织都有比较强的弹性和韧性。与此同时，阴道中还有一些横竖不一的褶皱。这些褶皱的作用也很简单，就是增加阴道的延展性，这样才能确保直径十多厘米的胎头能从阴道通过。

总体来说，我们只需要记住：阴道弹性很好，恢复能力也很好。

不知道你们有没有注意到，我前面讲到的阴道平时所处于的前壁贴后壁的闭合状态，也是很多读者平时不了解的地方。她们以为阴道平时就是张开的、圆形管状的，其实并不是的。闭合状态可以很好地保护阴道环境，如果阴道总是张开着，岂不给外界病原体提供了可乘之机？

接下来，想象一下，如果黏膜和黏膜紧紧贴在一起，那么来回走动、摩擦，会不会伤害到黏膜呢？

如果不了解的话，可以左右手各拿一块保鲜膜相互摩擦试试看。你会发现，很快保鲜膜就会被磨破。可是，为什么阴道前后壁贴在一起就没问题呢？

因为其中有白带，兜这么大个圈子就是为了引出它。对于普通读者来说，"白带"这个名词是既熟悉又陌生的，但不用着急，我们马上开始详解。

阴道里为什么会有白带

先说一下白带的来源，子宫腔、宫颈以及阴道黏膜周期性分泌的黏液成为白带的基础成分。但这是不够的，阴道中还有一组强大且和谐的常驻菌群及这些菌群的代谢产物，它们与白带的基础成分共同建立起了阴道的微生态系统。当然，这当中还有一些脱落的细胞，有时候可能还会有一些血液。

● **白带的功能**

这些不同来源的成分汇聚在一起，起到关键的三个作用。

第一，保护、润滑阴道黏膜

这些白带均匀地覆盖在阴道黏膜表面，形成一道防护膜层，这样就算前后壁贴在一起，也不会因来回走动或摩擦而产生任何问题。如果有外来物体进入的话，白带也可以通过润滑来尽最大可能保护阴道黏膜。

第二，协助精子进入子宫腔

我们在前面提到过，在排卵期，白带会明显增多、变得稀薄。这会改变阴道中白带的性状，以便于精子进入子宫腔。

第三，保护阴道环境

这些白带在阴道中构建的微生态系统可以有效地抵御外界病原体的侵害（图23），毕竟阴道跟外界是相通的。如果有外来的"敌人"出现，那么阴道中不能没有防御力啊！

阴道微生态系统最主要的防御力来自这些菌群的代谢产物。这些代谢产物可以确保阴道中的微酸性环境，将pH保持在3.8~4.4，可以有效地抑制外来菌群的生长，助力阴道中常驻菌群可以维持之前的生存状态。打仗嘛，重点就是拼数量，阴道里的菌群能够稳定发展，外来的"敌人"就会一直被抑制、被打

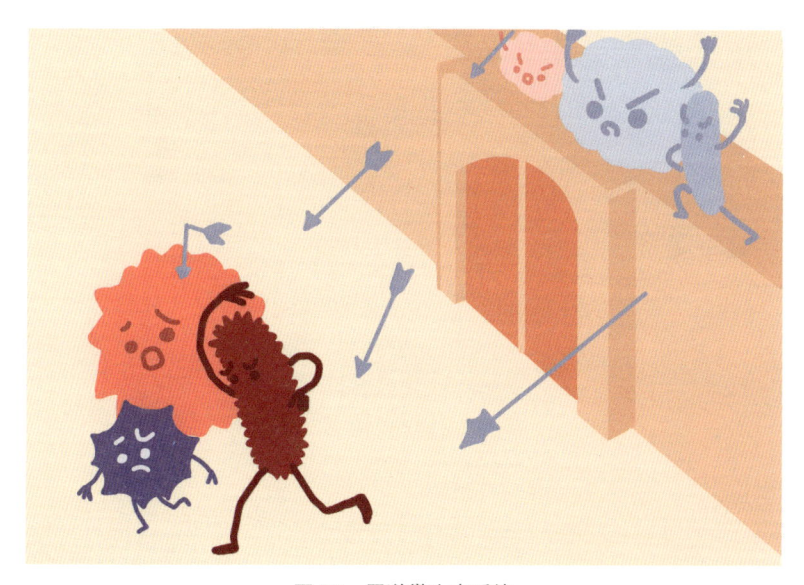

图23 阴道微生态系统

压，很快就会被打得屁滚尿流……这还被称为阴道的自净能力。

其中最大的功臣就是：乳酸杆菌。是的，跟酸奶中的乳酸菌的名字很相似，但本质上它们并不完全相同，只是代谢产物都差不多，所以在正常情况下，阴道的气味就跟无糖酸奶很相似……

总之，你只要知道阴道中的白带很重要就好，那些黏液、菌群、代谢产物以及它们共同建立和维护的阴道微生态系统，都是用来保护和维持器官正常工作的。

跟阴道相关的疾病有哪些

● 阴道炎

对于年轻的姑娘来讲,阴道炎大概是她们这一生中遇到的第一种妇科疾病,因为炎症的发生本来就伴随人的一生。就跟感冒无法根治一样,并不存在根治炎症这种概念。只要有符合炎症发生的必要条件,不出意料的话,基本上都会出现炎症。

很多人会觉得阴道炎好像是有了性生活之后才会有的,其实完全不是这样的。我在前面也说了,只要有炎症发生的必要条件,就有可能发生炎症,而性生活只不过是其中一件可以提供炎症发生条件的事情罢了。就算没有性生活,如果阴道清洗不及时,或者接触了不清洁的水体,抑或是穿了被污染的内裤,再或者是使用了发霉的卫生巾或棉条……也可能引起炎症。

除此之外,如果你使用抗生素,也有可能破坏阴道菌群平衡,进而给外来的细菌可乘之机,从而可能出现炎症。

总之,过去那种只要有阴道炎就往性上联想的做法是不合适的。如果你身边还有这样的人,这至少说明其对这方面并没有清楚的认知,而且也不自知。

咱们继续说回阴道炎,目前常见的阴道炎有三种。这些都是你们在现阶段可能会遇到的，所以咱们挨个儿讲讲。

霉菌性阴道炎

这是外阴阴道假丝酵母菌病的俗称，是由一种叫假丝酵母菌的真菌引起的阴道炎，其特征是患者患病后会出现白色豆腐渣状的白带。很多人其实都不清楚豆腐渣长什么样，你可以将其理解成那种浓稠成块的酸奶的状态（图 24）。与此同时，这种阴道炎还会伴有非常强烈的瘙痒，基本上是难以忍受的那种瘙痒。用教科书上的描述就是：其瘙痒程度居各种阴道炎之首！

假丝酵母菌

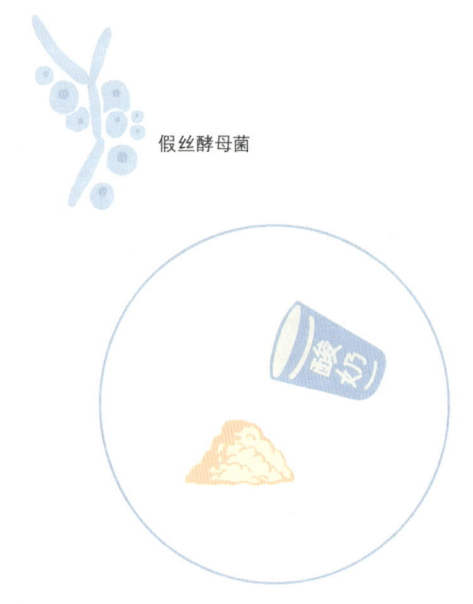

图 24　患霉菌性阴道炎时，白带呈浓稠结块的酸奶的状态

而且，这种阴道炎还挺常见的，基本上70%左右的女性在一生中有可能感染一次霉菌性阴道炎，其中又有接近一半的人会复发。这也透露出这种阴道炎的另外一个特征：易感染，易复发。

唉，就这么说吧，这是医生和患者见了都会头疼的阴道炎。不仅患者痛苦，医生治疗起来也比较困难。稍不注意，就有可能让之前的治疗白费。

治疗之所以这么困难，主要是因为假丝酵母菌到处都有，空气中，衣服上，床单、被罩上，以及口腔、肠道和阴道里。平时，阴道菌群生态稳定的时候对其有很好的制约，但是如果稳定状态被打破，外加自身免疫功能低下，那么它就有可能肆无忌惮地"为非作歹"。这也是它很烦人的地方，有时候都不用外界因素，仅仅是自身携带的假丝酵母菌就足够引起炎症了。很多没有性生活的女性也可能有这种炎症，就是因为这些特殊情况。除此之外，也有可能是通过性接触传播的，也还有比较低的可能性是通过衣物间接传播的。

前面讲了奇痒难耐的症状，除此之外就是充血、水肿、发热、疼痛（性交疼痛），这四种情况简称红肿热痛。在临床上，医生检查的时候，往往患者已忍耐了很长时间，整个外阴存在很严重的炎症情况：潮湿、红肿，混着白带以及毛发，甚至还有很多因为瘙痒留下的抓痕。

检查比较简单，就是白带常规检查，看看白带中有没有菌丝、孢子之类的。如果有的话，再结合症状基本就可以确诊了。

治疗方案因人而异，必须结合患者的实际情况进行针对性治疗，但基本上都是使用抗真菌药物进行治疗的。也希望患者一定要谨遵医嘱，务必足量、足疗程规范治疗。

滴虫性阴道炎

这是由阴道毛滴虫引起的阴道炎，特征表现为白带呈黄白色、稀薄的状态，重点是里面有很多泡沫，伴有血丝。因为外阴和阴道的环境非常适宜阴道毛滴虫生存，所以一旦感染便会有大量阴道毛滴虫，并在4～28天内出现炎症症状。

具体感染方式分两种：一种是性接触传播，一般男性感染之后是没有症状的，所以也不会在意，但是通过性接触传染给女性的概率是很高的；另一种是间接传播，比如在公共浴室、游泳池等场所接触阴道毛滴虫之后有可能被感染，或者接触了一些被阴道毛滴虫感染的贴身衣服等之后，也有可能被感染。

具体表现除了前面提到的特征性白带外，还有就是炎症的症状，基本上也离不开"红肿热痛"这四个字。不同的是，因为阴道毛滴虫也很容易隐藏在尿道内，所以有可能会引起尿路感染，出现尿频、尿急、尿痛等症状，严重的时候甚至会出现血尿。

一般出现症状之后，我们建议进行白带常规检查，明确诊断之后就可以进行治疗了。通常的治疗方案是使用甲硝唑，且必须在医生的指导下用药。

细菌性阴道病

这是阴道中正常菌群失衡之后导致的一种阴道炎，其特征是白带呈灰白色，伴有腥臭味。

过去，对这种阴道炎的出现原因有很多不同的解释，最终确定下来的是阴道中最多的乳酸杆菌产生的乳酸少了，所以阴道中由各个菌群形成的稳定的生态环境遭到了破坏。一旦被破坏，平时被压制的一些菌群就开始恣意生长，变成了优势菌，从而产生很多新的代谢产物。它们会影响原有的阴道菌群环境，尤其是其中的胺类物质，是腥臭味的主要来源。

一般来讲，过去认为阴道炎好发于有性生活的年轻女性，症状除了前面所说的，还有红肿热痛。但是，现在发现一些没有性生活的女性也有这种炎症。有个很重要的原因是过度清洁，就是清洗外阴时会冲洗阴道，有时候还会使用一些洗液来清洗阴道内部。这无形中就破坏了阴道菌群平衡，进而为炎症的出现提供了条件。

本来是为了卫生与健康，结果适得其反，反而越洗越不利于健康，这也是我在临床上经常遇到的情况。所以，后文会单独讲讲到底如何清洁才健康。

细菌性阴道病的诊断也是靠白带常规的检查结果来做的，治疗方案由医生制订，主要是使用甲硝唑展开治疗。

好了，这三种阴道炎就讲到这里。

这里需要额外强调三句话

（1）治疗阴道炎，患者必须接受规范的足量、足疗程的治疗；

（2）如果有伴侣的话，最好让伴侣一同进行治疗；

（3）偶尔一次出现，可能跟清洁不到位有关，但如果反反复复出现，那就要从多方面找原因，尤其要从阴道菌群平衡的角度去思考。

希望对你们有帮助。

●阴道发育异常

前面讲了阴道的大致结构，很多人会觉得阴道发育正常是司空见惯的事，但其实并非如此。有时候，我们认为健康是自然而然的，觉得人天生就是正常的……然而，有的人天生并不是健康的，不在我们人为规定的健康范畴之内。我们慢慢就会发现，保持健康从来都不是一件容易的事情，有时保持正常、普通也是挺难的。

之所以我会有这样的感受，主要是因为我在研究生阶段参与过的一个研究项目，就是关于先天性无子宫无阴道患者的研究。

在我们的现实生活里，存在一定比例的先天没有子宫和阴道的人。除此之外，还有阴道闭锁的、阴道横隔和斜隔的，还有一些人是先天性双子宫、双阴道的……

这些情况往往在胚胎发育时期就有表现。下面讲几种比较常见的情况。

先天性无阴道

患者一般还会合并无子宫或者始基子宫的情况，这就意味着患者在生理结构层面没有自然受孕的可能性。

我在临床上遇到的患者通常是由父母陪着来看病的。一种是孩子发现同龄人都来月经了，唯独自己还没来，所以家长带着她来检查。前面我们讲到过，如果到 16 岁还没来月经，是有必要到医院来查查的，就是为了排除这种可能性。另一种是孩子的年龄更大一些，有的已经结婚了，因为发现没有办法进行性生活，所以家长才陪着来看病。

从这两种情况也可以看出，先天性无阴道的具体表现就是不来月经，以及无法进行插入式性生活。遇到这两种情况，基本上就只能靠医生来处理了。如果遇到了，也不用慌张，一般建议在 18 岁之后进行治疗。

目前，国内在这方面的病例也积累了很多，处理方案也相对比较成熟，所以不用太担心。

阴道横隔 / 斜隔 / 纵隔

直接将这三种异常（图 25）放在一起来说。为了方便大家理

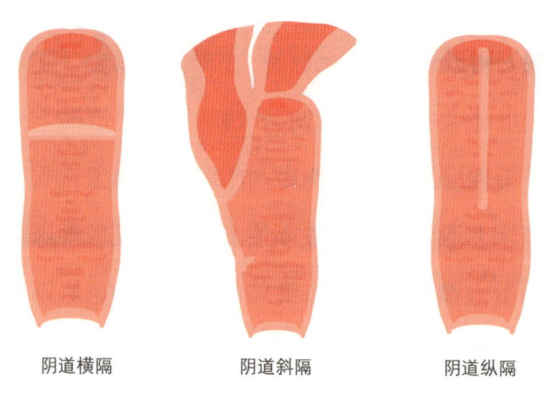

阴道横隔　　阴道斜隔　　阴道纵隔

图 25　阴道发育异常

解，我在这里举个可能不恰当的例子：阴道就像是一个房间，你一进门，就发现前面有好几堵墙，有的墙直接横在你面前，挡住你的去路；有的墙竖在中间，直接把一个房间隔成了两间，甚至有可能只隔了一半；还有的墙在你面前斜着，让你不自觉地就走到了一侧。

在治疗方面，有很多方案，但简而言之都是把这些墙拆掉，将这个房间复原成原本该有的模样，因为无论哪种隔法都有可能影响这个房间正常的生理功能。

当然，每个人的具体情况都不太相同，因此还是希望大家如果遇到了，尽快去找医生进行沟通。

好了，关于阴道的部分我们就讲到这里。

外阴的结构

外阴这部分大家相对比较熟悉,至少相比于前面的器官和组织,这部分是我们可以看到的。也正因为可以看到,所以在日常生活中,我们就会产生很多困惑:我们只是看见,但不知道每一部分是什么样子的,以及具有什么功能。这就很容易衍生出很多猜测,比如外阴的形状,会被人为地分为好看的和不好看的……然而,这完全没什么道理。又如外阴的颜色,有一部分人会通过颜色来判断这个人是否有过性生活——同样是无知且不自知。

因此,重新认识自己的身体,就是为了打破或消除那些偏见和标签,回归到器官本身去了解,那些愚蠢的谣言和无端的猜测也就不攻自破了。

咱们先来认识一下外阴的具体结构(图 26)。还是老规矩,记住名字就行。

● 阴阜

平时,我很少提到这个词,以至于有读者以为我写了错别字,以为它应该是"阴部"。其实我没有写错,而是确实有这个部分,它就是耻骨联合前面的脂肪垫。用大白话来说,就是咱们长阴毛的地方。一般阴毛分布区域会呈现倒三角状。

●阴毛

关于阴毛的猜测有很多，比如说阴毛旺盛、发黑代表性欲旺盛……这种说法完全没道理，阴毛的生长情况受到种族、基因以及体质影响，存在个体差异性，不能由此推断出什么结论。换句话说，靠这个推断的人，不仅愚蠢，而且无知。

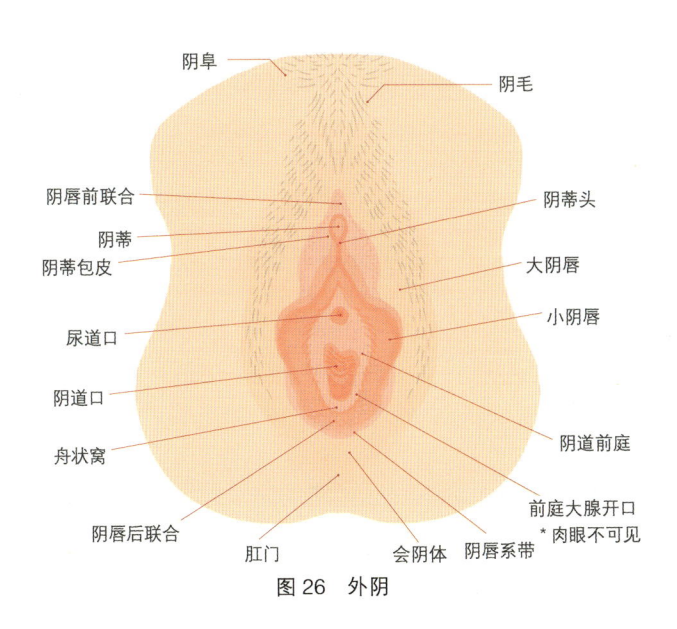

图26 外阴

● **大阴唇**

从阴阜走向会阴的一对隆起的皮肤，表面有阴毛，同时有色素沉积，有不少神经血管。它是外阴受伤的主要部位。这个部位疼时，人基本上没法走路。关于这里的颜色问题，有很多猜测，后文会单独讲。

● **小阴唇**

这是位于大阴唇内侧的一对皱襞。针对这对皱襞的描述有很多，什么长了短了、厚了薄了、大了小了……其实都是个体差异，在发育阶段慢慢生长成自己的形状和大小，也跟后天睡觉姿势、坐卧姿势和走路姿势有一定关系。有的藏在大阴唇里，有的则露在大阴唇外。因为这里分布了很多神经，所以也是比较敏感的。

通常来讲，小阴唇呈闭合状态，也是阴道口的一道门，作用同样是抵御外来侵害。

这里多说几句。小阴唇前段融合在一起形成阴蒂包皮，当中包裹的结构叫阴蒂，后段融合在一起叫阴唇后联合。很多人都不太清楚这些结构在哪里，实际上它们都是彼此关联的。顺便说一下，阴唇后联合是比较脆弱的，很容易出现裂伤。

● **阴蒂**

阴蒂跟男性的阴茎在胚胎发育阶段是同源的，因此结构特征比较类似，比如阴蒂也可勃起。整体结构分为头、体和脚三部分（图 27）。在体表能看到的就是头部，在体内的是体部，还有长长的脚部分别在阴道两侧伴行。每一部分都汇聚着极其丰富的神经，以传递感觉。

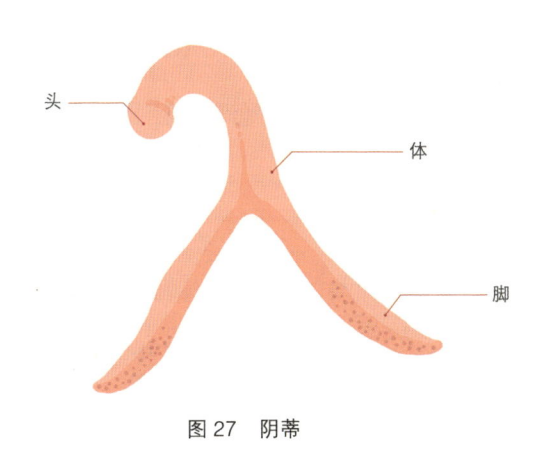

图 27　阴蒂

从形态来看，每个人的阴蒂大小不一样，一般来讲直径为 6~8 毫米。

这个所谓的数值也是因为大多数人都在这个范围内，所以才逐渐确定下来的。也就是说，超出这个范围只能说明这个人不属于"大多数人"，并不代表这个人一定有什么问题。类似这样的误区还有很多，比如乳头（后面也会讲到），虽然从研究数据来看，对于直径和高度都有比较明确的范围……但是超出这个范围并不一定说明这个人有什么生理或健康方面的问题。

反过来，大家更在意生理层面以外的事情，比如是否美观啊，或者跟别人不一样而自卑。这些情绪或感受是客观存在的，我们要承认其存在，同时也要坦诚地面对自己的身体发育。有时候，很多人心中的美在这个时代被慢慢规训出了具体的模样，好像必须长成什么样子才是所谓的美。但生物的底层逻辑并不在意人类审美的条条框框，从而最终让我们变成各不相同的具体的人。

● 阴道前庭

准确地说，阴道口的部分叫阴道前庭（图28）。这里有一些结构是大家很熟悉的，有些是大家陌生的。

比如，阴道前庭这里有尿道口和阴道口。是的，很多姑娘一直以为尿道口和阴道口是同一个……其实它们是分开的，尿道口位于阴蒂和阴道之间，而阴道口则分布着大家很熟悉的阴道瓣——就是过去人们常说的"处女膜"，以及大家不熟悉的一对腺体——前庭大腺，它们一般会在性刺激下产生黏液，起到润滑和保护的作用。

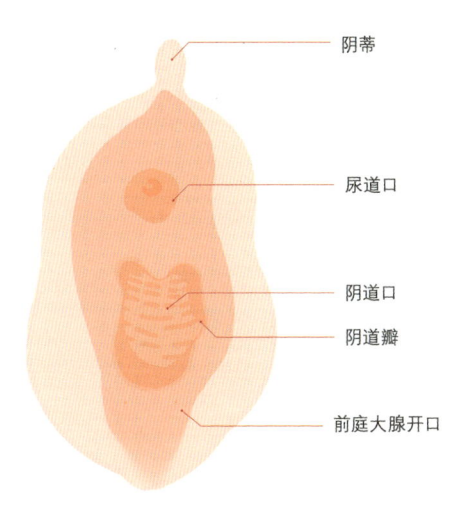

图 28　阴道前庭

好了，关于生理结构，咱们就了解到这里。接下来，我们具体来说说关于这些部位一些具有争议的问题。

如何看待外阴的形状

虽然前面我们配图了，但那只是为了让大家了解不同部位大致在什么位置，而不是说每个人的这些部位都是那个样子的。

事实上，在现实生活中，每个人的外阴长得都不一样。

一般我们会从两个维度来分析。

● **先天因素**

外阴形态基本上是由基因所决定的，或者说是天生的，而且跟自己直系女性亲属的形态大体相似。女性在发育过程中会表现出不同的形态，如果你们观察过自己的身体的话，就会发现身体的各个部位都不会按照固定的模式生长。或者换句话说，它们都会按照自己的方式生长，并不受我们主观意愿的影响。

整体来讲，外阴没什么统一的标准形态，也没什么规定模板，所以我们也就不必为此而觉得羞耻或尴尬，就像我们不会因为自己的指甲跟别人长得不一样而觉得羞耻一样。

● **后天因素**

除了前面提到的先天因素外，在后天发育过程中，我们日常长期持续存在的一些习惯和行为也有可能对外阴的形态产生影响。比如我们走路的姿势、坐姿,这些动作会挤压或摩擦外阴。久而久之,外阴就会有一些改变。又如跷二郎腿,这个动作会挤压外阴,左腿在上还是右腿在上,其影响也会有所不同。再如睡觉的姿势,大家通常选择侧卧位,但是左侧卧位、右侧卧位对外阴的影响也是不同的……

这种影响都是长期进行某种行为才有可能产生的,比如我们每天会有7~8小时的睡眠时间,而且我们常年需要行走……

有人会猜测外阴形态跟自慰或性生活相关,其实对比于我们前面说的那几种情况,这两种行为持续的时间和强度对外阴的影响几乎可以忽略不计。

这会衍生出很多问题,比如因为存在这种无端的猜测,会有不少姑娘觉得很羞耻,所以就想着能不能去做手术,把不对称的那部分切掉。

怎么说呢,临床上确实存在这样的手术,但任何手术都是需要有非常明确的手术指征的。简单来讲,就是需要有充分的理由才行。

目前,针对外阴整形手术,尤其是针对不对称或者单侧肥大的手术,专家的共识是这样的:

(1)小阴唇宽度 >2 厘米;

（2）小阴唇明显超出大阴唇；

（3）小阴唇两侧明显不对称；

（4）小阴唇肥大患者有摩擦疼痛，或性生活受影响；

（5）小阴唇形态不佳，患者要求做手术。

以上这些都可以作为做手术的理由，但是否做手术需要患者、家人和医生共同决定。通常来讲，医生会认为在不影响生活的情况下，倒也不是必须做手术，只不过每个人对"不影响生活"都有自己的理解。

在这里把这些讲出来，只是希望大家可以接纳自己。

如何看待外阴的颜色

除了前面所说的形状，颜色也是大家经常会关注的问题。我也不兜圈子了，之所以专门说颜色，主要是因为人们对此的猜测很多。不了解，外加各种流言蜚语，很容易让人有焦虑、自卑等情绪。其实，外阴本身就有很多种颜色（就像图29上显示的那样），它们都是正常的，大家大可不必为此焦虑。

总有人将外阴的颜色跟性联系到一起，并借此对其进行羞辱等。这确实会困扰很多对此不了解的女孩，有时候家长也不知道该怎么跟孩子解释这类事情，总感觉孩子挺委屈的，但又说不出来到底该怎么应对。而孩子慢慢也就不跟家长说这类事情了，毕竟说了也得不到很好的解决方法和应对措施，最终切断了沟通渠道，只能独自承受。

所以，我一边教孩子们，一边也希望家长们可以学习一下。这样当孩子需要帮助时，家长可以作为孩子健康的后盾，不要再

图29 外阴颜色色卡

因为这些误解把彼此推得更远。

● 影响皮肤颜色的因素

影响我们身体皮肤颜色的因素有这样三种。

第一种

当我们还是受精卵的时候，其实肤色就已经确定了，因为那一刻我们的人种特征以及我们自身携带的基因就已确定。简单来讲，就是我们携带了父母各一半的基因，只不过后天表现分为显性或隐性——有些没有表现出来，有些表现出来了……所以，基本上肤色跟父母差不太多。

有时候，外国产妇在我们产房生孩子，我们一眼就能看出新生儿的人种。基因几乎决定了我们的大多数事情，当然也包含外阴的颜色。

第二种

雌激素的增加会让更多的黑色素沉积在女性的私密部位，比如大阴唇、小阴唇、乳晕、乳头、大腿根部等，这些地方的皮肤都很薄、很脆弱，非常不耐磨。所以，这些地方的色素沉积跟摩擦和走路关系不大。

第三种

之所以在第二种中提到跟摩擦关系不大，主要是因为第三种跟摩擦关系很大。我们身上有一些经常会摩擦的部位，其颜色相比于其他地方会深一些，比如膝盖、胳膊肘等部位，主要是因为这些地方堆积的角质层比较厚。原本角质层是无色或淡黄色的，但是堆积得多了，颜色自然就会深一些。

以上是一些常见的影响因素，部位不同，影响因素也就不同。这还没提到日晒等因素，毕竟如果防晒不到位的话，也是有可能让皮肤变黑的。

总之，这样一番讲解之后，我们至少应该明白，影响皮肤颜色的因素有很多，这些因素的综合影响最终导致我们每个人的肤色都不一样。运用这些知识，我们可以科学、理性地接纳自我，坦诚地面对自己的每一面。

●私处美白粉嫩项目真的靠谱吗

可能家长们都意识不到，其实很多孩子在青春期就开始在意身体的变化了。尤其是现在，互联网上的信息纷杂，我们无法判断也无从知晓孩子会看到哪些信息，毕竟家长不可能始终都是信息的过滤器。

因此，我在这里只好假设已经有人看到网络上那些关于私处美白的相关信息了。就算没有看到,在这里我们直接讲清楚,也可以避免孩子受到那些信息的影响。

简单来讲,在现实生活中确实有很多机构在提供这样的服务项目。除了传递或助长了一些畸形审美风气,这些项目还存在额外潜在的风险和危害。

目前,比较常见的是下面这四种方法和套路,我试着还原一下。

1. 人为上色

(店员口吻)"就跟涂口红一样,选好心仪的色号。好嘞,您坐好。来,腿分开,我给你喷上芭比粉,记得一周后来补色啊……"这种操作方法主要面临的问题是:易过敏,有刺激性,还掉色。

2. 化学褪色

(店员口吻)"哟,您这儿颜色有点儿深,这哪儿行啊!我给您这个药膏,每天坚持涂抹。外面这层黑色的皮肤脱掉了,里面的就是粉嫩的了……"这种操作方法主要是利用化学试剂剥脱,让表皮色素层脱落,面临的问题是:有伤害,皮肤易破溃,并且过程令人很痛苦。

3. 物理褪色

(店员口吻)"嘿,都黑成这样了啊!来我们这里是来对了,激光射频高科技……"这种方法是使用激光祛除色素沉积,疗程长,价格昂贵,过程也同样令人痛苦。

4.抑制黑色素生成

(店员口吻)"来,姑娘,您吃我们这个药,里面有美白成分。同时,您在外阴上再涂抹这个纯天然的药膏。不出一个月,还一个青春期的你……"这种方法最主要的问题是增加肝肾代谢负担,严重的话,可能造成肝肾损害,而且价格昂贵。

看完这些,请允许我多说几句。如果可以的话,希望你可以跟家长一起阅读这部分内容。

其实,我们都知道,粉色跟其他颜色一样,是一种颜色,我们小时候画画都会用到这种颜色。但为什么会有人执着于追求这一种颜色,同时又会对原本的颜色不满意,从而想去人为地做成粉色的呢?

主要是因为颜色背后的隐喻,在一些人眼里,粉色意味着"幼、小、嫩、白、瘦",并认为这才是好的,由此向外界传递出了畸形审美观念。这不仅违背了身体的发育规律,同时也让人增加了很多不必要的恐慌和焦虑。

我原本想把知识点讲完就可以了,但还是忍不住想在这里把这些话写下来,就是希望你在未来任何时候遇到类似这样的所谓的审美观念，都能清醒地意识到，你的美不应该由任何人定义。

同时，还是需要提醒大家，在现实生活中确实存在一部分人是执着于那些"畸形审美"的，甚至有可能会做出伤害未成年人的行为，因此我们需要在较早的时候就意识到这个问题。

这样或许能帮到大家，我希望如此。

如何看待"处女膜"

我其实挺矛盾的,从内心出发,我觉得这个词早应该被废除了,但是没办法,太多的人对这个词有一种执念。

我没太大能力改变人的认知,只能踏踏实实地把一些知识讲清楚。前面我们对阴道进行了大致了解,接下来单独讲讲阴道里的"特殊"结构。之所以打引号,是因为从医学上来讲,这是一个很普通的结构,只不过在社会文化中成了某种"特殊"的存在。

阴道瓣,也就是大家经常说的"处女膜"(图30)。我更倾向于叫它阴道瓣,因为这个名字准确且客观地交代了这个结构的位置以及形态,而"处女膜"这种叫法则夹杂了一些主观判断及想象,因为它的存在与否并不能用来判断既往是否有过性生活。同时,它也不是一层膜,只是阴道中的结缔组织形成的瓣。

在你们还是小女孩的时候,阴道瓣不仅位置相对靠里面一些,而且也相对厚一些。在成长的过程中,它慢慢向外移动,会变得越来越薄。在变薄的过程中,慢慢就会出现一些破口或孔隙。

这让我想起"破处"这个词,这种说法真的是没啥道理,因为阴道瓣本来就是有孔隙的,不然经血怎么流出来呢?

环形　　　　　中隔　　　　　筛状　　　　　半月状

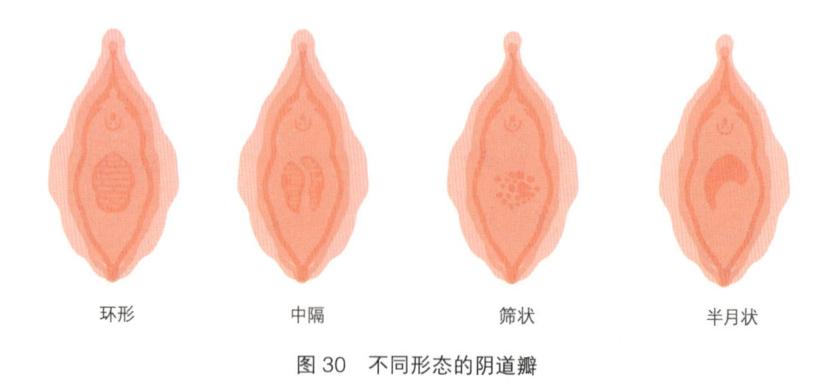

图 30　不同形态的阴道瓣

每个人的孔隙都是不一样的，有单孔的，有双孔的，有筛状的，有半月状的……总之，千人千面。

不仅如此，还有一个很核心的问题，就是阴道瓣在你们成长的过程中是很容易破裂的。比如骑自行车、跑步、跳跃等，都有可能引起阴道瓣破裂。所以，依靠阴道瓣是否破裂来判断女性是否有过性生活这种说法，是不是不准确呢？

很多人以第一次性生活是否出血来判断女方是不是处女，其中存在很多不合理甚至荒谬的地方，因为有相当一部分人在进行第一次性生活时并不会出血。

如我前面所说，有的人在某次运动过后就发生了阴道瓣破裂。当时可能会有少量出血，也可能没有，自己也不知情或者没有太当回事儿，然后在第一次性生活时发现没有出血。所以，单凭没有出血去断言人家以往有过性生活，理由是不充分的。

那就是一个普普通通的组织结构，不能说明任何问题，也不能代表任何事情，更不存在那么多隐喻。

我只知道，如果阴道瓣破裂，就有可能出血。有出血就有伤口，就有可能发生炎症和感染。需要注意清洁，也要注意出血量。如果出血量慢慢达到平时的月经量，而且颜色看起来是鲜红的话，就一定要及时到医院去找医生处理。

总之，每当我们困惑于明明只是再正常不过的生理问题，为啥会叠加那么多莫名其妙的说法时，要回归我们的身体，用这些知识来解释我们遇到的问题。

●阅读延伸：处女膜修复手术

对于要不要写这部分内容，其实我很犹豫。不写吧，我猜你们中的很多人在成长过程中肯定都已经听说过了。写吧，又会让一部分没听说过的人觉得——咦，居然还有这种手术？

而且，这还明显跟我前面讲的内容相违背，明明我说大家没必要太在意阴道瓣的事情，它就是正常的生理结构，无法说明任何问题，但紧接着我就说在现实世界里客观存在这种修复手术，这不是自相矛盾吗？

其实，这种手术确实存在，其存在也是因为有人有很强烈的修复意愿，而这种意愿的产生就是由过去错误的认知导致的。在那些错误的认知没有被彻底"铲除"之前，我猜这种手术还会存在很多年。

具体来说说手术吧。其实并不复杂，主要就是把原本破裂的地方缝起来，或者干脆直接切开一部分阴道壁，再缝到一起形成一道瓣膜的结构，最终完成所谓的修复。在做手术过程中，有可能出血、感染，还有麻醉的风险。同时，术后恢复如果出现问题，还有可能影响正常生活，比如会有牵拉感，或者会有性生活困难，抑或是会影响月经排出……总之，这是一种没必要去做，同时做了之后还要承担很多风险的手术。

我从未参与过这种手术，身边的老师、同事，曾工作过的医院也没有做过这样的手术，它只存在于我看过的手术视频中。我真心希望这样的手术在未来不再出现。

医生眼里的外阴是怎样的

之所以提出这个问题，主要是想指出目前临床上还在用的一套逻辑语言。这套语言带有很明显的时代烙印，即使到现在，也还在使用。

我们都知道，医生在进行妇科查体的时候会用范式语言描述自己所观察和检查到的情况，然后将其记录在病历上，其中外阴也是很重要的一部分。医生通常会将患者分为三种。

未婚型

这类患者主诉没有性生活史，且医生检查时可见阴道瓣。这意味着这类患者不适合进行阴道内操作和检查，比如白带常规检查、HPV 检查、TCT 检查、经阴道妇科 B 超检查、阴道镜检查等。

是不是突然觉得荒谬了？为什么未婚就意味着没有性生活呢？

是的，在过去，人们认为只有结婚之后才能有性生活，但现在这样的表述就显得有些不那么准确了，至少在某些场合下是不准确的。

其实，就算没有性生活，姑娘们也有可能得阴道炎。这一点我在前面已经讲到了，但是因为没有性生活而不能进行更加系统的检查，比如只能取阴道口的分泌物来判断炎症的种类，也因为没有办法对阴道用药，不得不选择口服用药。这样有可能导致治疗时间延长，治疗效果不佳。这跟现实生活其实不匹配。

已婚未产型

这类患者主诉有性生活史，但是无妊娠及分娩史，医生在检查中未见阴道瓣或见到阴道瓣边缘及瘢痕。这类患者可以进行阴道内的一系列检查。

但是，有的姑娘的阴道瓣在运动过程中就破裂了，如果因此就认为姑娘已婚是不是有些草率了？在临床上，主要还是得依据患者提供的信息，其实没必要从外阴形态上进行判断。

对于是否生育过这个问题，除非患者有明显的侧切伤口，否则单检查外阴也看不出来她是否有生育史。尤其如果是剖宫产产妇的话，其外阴没啥变化，这又怎么能从外阴来判断她是否生育过呢？

已婚已产型 / 已婚经产型

这类患者主诉有性生活史、怀孕及分娩史，有时可见侧切或裂伤伤口，同时医生会询问怀孕、人工流产及分娩情况。同上面一样，这类患者可进行阴道内的一系列检查。

到这里我们也看到了，主要是依据患者自己提供的信息进行判断。除非是外阴有明确的伤口或瘢痕，医生才可以以此判断。

虽然这种分类方法沿用至今，但是问题还是客观存在的。而且，这也会让患者非常困惑，尤其是大家都在这么用的时候，就不得不需要掌握两套语言。不少姑娘也来找我咨询，说她去体检，对方问她是否已婚，如果未婚的话，某些项目就没办法做……她就觉得很奇怪，追问一下才知道，原来这些检查是有性生活之后才有必要做，否则不用做。可问题是姑娘虽然未婚，但已经有性生活了。若不追问，可能就错过了这些必要的检查。

这里其实也说出了我们在成长过程中经常遇到的情况：那些从来如此，并且沿用至今的事，真的就都是对的吗？

这个小问题可以留给你们去思考。

外阴可能会有哪些问题

外阴不同于身体的其他地方，这里的环境非常复杂：有毛发，有丰富的汗腺，有白带，有皮垢，有尿液，也有肛周残留的粪便，以及各种菌群……仅仅描述一下，你就能感觉到这个地方不一般。

是的，也正是因为这里"险象环生"，所以常常会遇到一些健康问题。

●外阴炎

你们可能都发现了，只要说到问题，最常见的就是炎症。外阴也是一样，放在最开始讲的还是炎症——非特异性外阴炎。

这个名字听着好像很复杂的样子，其实你仔细读读就明白了，它就是没有特异性原因的外阴炎症。一般是由外阴的环境引起的，就是白带、毛发、汗液、经血、尿液以及粪便等清洗不及时而引发的外阴炎症。

一些患者是因为穿了紧身且不透气的内衣裤或外裤导致局部潮湿，外加走路等原因又是勒紧又是摩擦，引起了外阴炎。

还有一些姑娘用了不太合适的（比如太厚、太闷的）卫生巾，或者日常总是垫着护垫，这种情况也有可能增加患外阴炎的风险。

症状

一般有了炎症之后,自己能感觉到,就是瘙痒、疼痛、红肿、有灼烧感等,严重的话无法走路,因为走路会摩擦到外阴,让人又疼又难受。如果出现这种情况,通常建议去医院看看,让医生来处理。

但有时候患者可能觉得过几天就会好,拖着不去医院,以至于到不得不就诊时,外阴已经破溃、被磨烂,有的甚至已发展成溃疡或湿疹了。

所以,再次呼吁出现常见的炎症时不要拖,越早去医院处理,就越早摆脱痛苦。

治疗

在治疗方面,一般是采用抗炎抗感染治疗 + 坐浴,尽量避免运动或受刺激。一般经过规范治疗之后都能有不错的效果。

●前庭大腺炎、前庭大腺脓肿

我们在前文提到了前庭大腺在外阴的主要功能就是通过分泌黏液来提供润滑、对外阴进行保护等。尤其是在性生活发生之前,它发挥了很重要的作用。

虽然腺体的"初心"是好的,但这个腺体有个小毛病,就是它运送黏液的管道又长又窄，很容易出现堵塞或者感染。稍不注意清洁，就容易出现炎症，而且出现炎症之后就更容易出现脓肿。这个时候，外阴表面就会肿起一个大鼓包。严重的时候，患者连正常走路都不行。更严重的，连大小便都可能受影响。

病因

这跟腺体发育以及个人清洁卫生习惯有一定相关性。有的人从来都不知道有这种病，有的人却反反复复、没完没了地感染。

当然，这种情况也跟季节有关。大多数人都觉得在夏天比较容易得这种病，确实没错，但其实这种病在冬天也很容易高发。夏天发病主要是因为气温高、出汗多，而冬天发病主要是因为穿得厚、不透气，外加清洗不及时。

治疗

如果只是急性炎症的话，一般是先做细菌培养，然后针对性地使用抗生素治疗。同时配合卧床和清洁，避免进一步受刺激或炎症扩散。如果有脓肿，还得采取切开引流术，而且伤口还得开放并留置引流条，不然伤口闭合之后会反复感染，甚至形成长期存在的囊肿。这会使患者痛苦，也会影响患者的正常生活。

希望大家都不用面对这些问题。

● 外阴硬化性苔藓

这个名字听上去让人觉得有点儿云山雾罩的，但是它的另一个名字你们可能或多或少听说过——外阴白色病变。

主要表现就是外阴、肛周出现一系列皮肤变薄、变白、变脆的现象，有时候可见于青春期之前以及刚刚进入青春期的女性外阴。临床上通常认为，此病的发病原因是卵巢的激素分泌功能相对较弱，导致雌激素含量较低，致使外阴的皮肤营养不良。

除此之外，还有其他一些原因。比如遗传，有时候家族中母女或姐妹会有类似的情况。还有一些原因涉及皮肤病或其他疾病，在这里我们就不展开了。

除了会在40多岁的女性身上出现，这种情况最常出现在小女孩身上。具体发病位置一般集中在外阴，早期皮肤红肿或者呈粉红色，之后慢慢开始出现皮肤萎缩、变薄及颜色变浅，最后发白并变得脆弱，易破，易出血。

在治疗方面，大家不用太慌张，也别急着用药物治疗。因为小女孩身上出现的情况有可能在进入青春期之后就慢慢自愈，不太需要急着用药物来治疗，毕竟药物也有可能引起其他衍生的问题。

所以，建议家长不要过于焦虑，等孩子长大，它往往就慢慢消失了。

● 假性湿疣

需要先解释一下，这并不是病。之所以将它放在这里，主要是因为太多人来问这个问题了。如果不讲清楚的话，即使它原本不是病，但慢慢也成了咨询者的一块心病，所以我这也算是提前说清楚，以求治疗未病之病。

假性湿疣，通常出现的位置比较固定，基本上就是在小阴唇内侧、阴道的前庭及尿道口（图31）。准确地说，小阴唇内外存

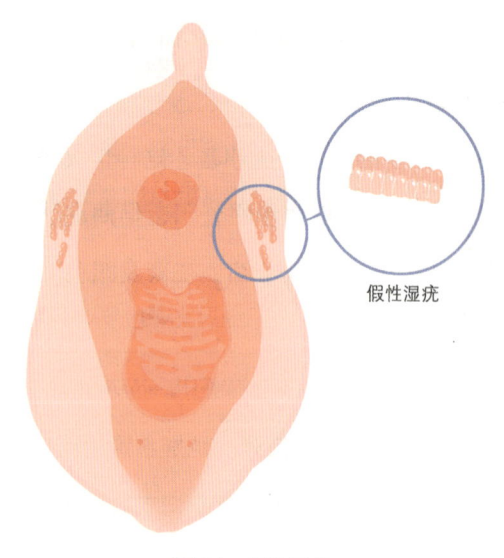

图31 假性湿疣

在一条线来区分小阴唇鳞状上皮和柱状上皮，这条分界线所在位置是假性湿疣经常出现的地方。

假性湿疣的模样通常看上去挺吓人的，一簇一簇聚集在一起的小肉粒、小丘疹或者小赘生物，有的看上去像小鱼卵，有的像小毛毛……它们相对独立，不融合，不分岔，大小统一，形态相似。乍一看，的确能让人吓出一身冷汗，但如果仔细观察，它也并没有到"凶神恶煞"的程度。

虽然很多人可能都是在无意间才发现自己有假性湿疣的，但是实际上这个词在1987年就已经出现了，医学界也早就开始研究它了。

什么人易发生

怎么说呢，这件事情就像长白头发，出现的年龄跨度非常大，通常在 18～45 岁的女性中出现，发生率在 20% 左右。注意，是发生率，并不是发病率，因为从老六的角度来看，这的确不是病。除了长相差一些，假性湿疣没有实质的坏处。不仅是良性的，而且还有一些功能。

产生的原因是什么

首先要说，研究表明，假性湿疣跟 HPV 没有半毛钱关系，跟性没有关系，跟性传播疾病也没有关系。与之相关的研究提示，假性湿疣的出现可能与长期阴道和外阴菌群以及白带刺激、紧身衣物的摩擦刺激相关，因为在显微镜下看其组织结构，它就是良性的组织增生。

还有一种说法是，由于小阴唇内侧的黏膜很脆弱，相互摩擦很容易充血破裂，因此中间长出一些小的赘生物，可以有效地缓冲黏膜之间的摩擦，从而减少因为走路、穿衣服等导致的摩擦不适。这可以理解为，你们的身体在生理层面上不断适应你们的需求，从而导致假性湿疣的出现。

是否会自己消失

你们可能会说："道理我都懂，就是觉得它很讨厌，所以它会消失吗？"

答案可能会让你们失望，因为假性湿疣通常会持续很久，大多并不会自己消失。它会存在，从而成为你们身体的一部分。当然，很多时候它也是没有什么存在感的，并不影响你们的生活。

我可以肯定，几乎所有人发现假性湿疣的时候，其实它已经存在一段时间了。它是慢慢长起来的，而且通常并没有什么特别的症状，不会影响健康，不会影响生活。如果真的影响了，可以考虑先看看心理医生。

如果一定要处理呢

如果一定要处理的话（注意，不是治疗，因为这不是病），可以考虑的方法有电切术、冷冻术和激光手术等。这些处理方法简单直接，没有想象中那么复杂。

但如果本身不需要处理，你们只是因为觉得它不好看，就去处理了，那以后是不是遇到自己身体上其他部位不好看，也会想去处理呢？如果这样下去，什么时候是个头呢？

希望上面的讲解可以让你们对自己的身体有更加理性的认知。

第二章

万千少女的
小问号

如果说第一章是在补咱们缺失的生理课的话，那么第二章咱们就来好好聊聊在日常生活中会遇到的各种生理小问题或疑惑。

这其实也是我们以往一直不知道怎么解决的问题。虽然有的学校或家长已经把一些很基础的知识教给你们了，这很棒，但是这些知识该如何灵活应用，或者该如何用来解决生活中的小问题，以及如何把它们融会贯通、举一反三……这就是新的难题。不仅是你们的难题，也是家长和老师的难题。

毕竟，现实生活包罗万象。尽管对于每个处在求知阶段的姑娘来讲，一个确切的答案是非常重要的，但很多家长并没有这方面的知识储备，或者说不太清楚自己知道的答案是不是正确的，因此家长常常会陷入焦虑。

从某种角度来讲，这章的内容或许可以成为家长的助手，帮助家长了解这些细小的问题，并通过这些问题多关注孩子内心敏感、脆弱的小世界。

好了，咱们现在开始吧！

乳房的结构和功能

你肯定会感到困惑：为什么到这里才开始讲乳房的问题啊？

这里主要是我的问题，因为我在第一章重点讲的是跟妇产科相关的器官和组织。而乳房在严格意义上属于乳腺科或者普外科的范畴，不属于妇产科范畴。这正好也是一个很多人都不太清楚的知识点：如果乳房出了问题，那么去医院就医时，千万不要挂妇产科的号，而应该挂乳腺科的号。

你可以拿这个小知识点来考考你的家长，没准儿大人们也不知道呢！

来，先看图（图32）。

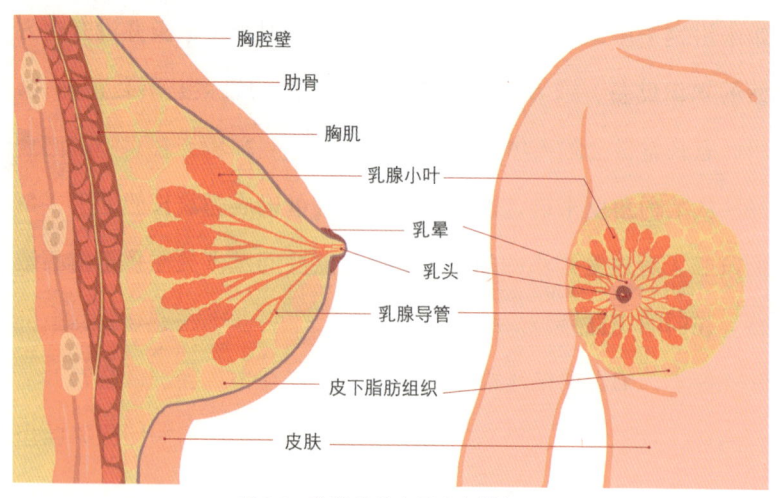

图32 乳腺的外表形态与纵切图

"每个人都有两个乳房。"

你可能会纳闷儿，这么显而易见的事情还需要专门说一下吗？其实，事实并非如此，虽然绝大多数人只有一对乳房，但是如果你家养猫的话，就会发现，猫的乳房就不止一对，而是好多对。所以，在这里不得不说，有些研究中指出，有2.5%左右的人会出现不止一对乳房。也就是说，有的人可能有副乳。"副乳"这个名字你们可能听说过，之后咱们会专门讲讲。

回到乳房上来，我们通过看图32中的左侧图就能发现，皮肤下面有各种组织。组织一般由脂肪和乳腺组成，其中还有不少用于建立和维持结构的结缔组织，如乳腺被结缔组织分割为15~20个呈放射状分布的乳腺叶。从图片上看，乳腺就像一串葡萄那样，而中间把"葡萄"串起来的结构就叫乳腺导管。

简单讲一下具体分工。乳腺作为腺体，其主要功能是分泌乳汁，而这些导管就起到运输的作用。当乳汁产生后可以输送到乳头，乳头上有导管开口。接下来的哺乳过程大家都知道，毕竟我们中的大部分人是喝妈妈的乳汁长大的。当然，有一些情况是没有办法做到母乳喂养的。不论采用何种喂养方式，我们都已经长这么大了，还是要感谢参与喂养的家长们。

说完功能，我们可能会发现，乳房里肯定不止这些乳腺或导管，一定还有作为填充用的其他组织。怎么说呢，就像房子，先搭一个基本框架，然后由脂肪组织填充在组织的间隙中。除此之外，还会有一些重要的组织，比如乳房悬韧带，主要负责保持和固定乳房的位置及形态。

因为组织构成的比例不同，所以乳房会分出不同的类型。比如乳腺组织较多的乳房叫腺体型，而脂肪较多的乳房叫脂肪型。前者在质地上偏韧，更有弹性，形状相对稳定；而后者由于脂肪多，手感偏软，容易下垂和外扩。当然，这里是仅从结构成分上进行的分析。

看到这里，咱们就大致了解了乳房的结构和功能，接下来再来看看大家都会关心的问题。

乳房是怎么发育的

不知道你现在多少岁，或许还没有开始发育，也可能正在发育中，还有可能已经发育结束了……之所以要说不同的阶段，主要是因为每个姑娘在不同的阶段对乳房的态度是不一样的。

比如，当你第一次发现自己胸部有些凸出来的时候，可能是好奇和无措的。因为不知道这是怎么了，总担心是不是身体出现了什么问题，而且也不知道能跟谁讲，只能将疑问闷在心里。

又如，在你继续发育的过程中，同学、朋友们可能会对你评头论足。尤其是那些发育较快的姑娘，不得不承受一些嘲笑或戏谑，好像她们做错了什么。其实，这原本就是身体的自然发育现象，只不过很多人缺乏对这方面的认知，不懂罢了。

等到再大一些的时候，受到某些社会审美观念的影响，你可能又开始担心自己的乳房是不是太小了，是不是下垂了，是不是颜色不好看了……你会陷入新的焦虑中。

虽然大家的内心会有各种波动和变化，但是乳房依然会按照正常的生理过程按部就班地完成发育。

一般姑娘会在八九岁的时候开始出现乳头凸出的情况，有的可能更早一些。这种情况的出现时间有可能取决于家长什么时候发现。

等姑娘长到十几岁时,乳房的尺寸会缓慢变大。如果姑娘还按照之前那样穿 T 恤衫,估计乳房就比较明显了。13～16 岁的时候是乳房发育的高峰期,乳腺开始生长,脂肪开始堆积,乳房慢慢呈半球状。当然,在这个阶段,身体的其他一些部位,比如臀部、大腿等,也都开始堆积脂肪了。

16～20 岁的时候,乳房进入慢慢发育成熟以及定型的阶段。等到 20 岁以后,乳房就停止发育了,形状或大小基本就"尘埃落定"了。当然,这只是大部分姑娘的发育状况,有不少姑娘会提前或推后发育,这也属于正常现象。总之,在这十多年的发育过程中,每个人的情况都不太一样。这里所说的情况,包括基因、环境、饮食及各种相对应的处理方式等。最终你会发现,每个人的乳房都不一样,就像下面这样(图 33)。

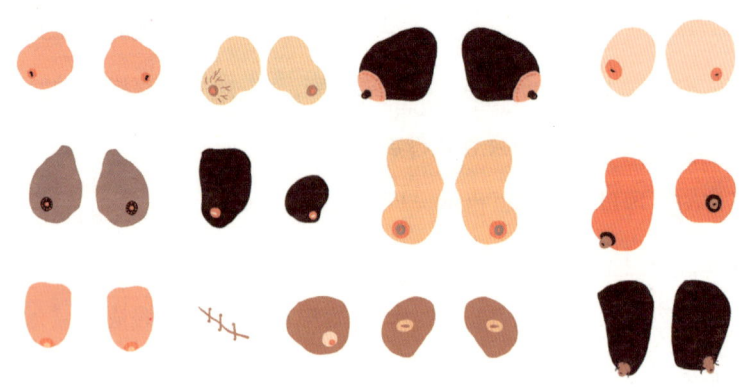

图 33 乳房的不同形态

上页图片上这些只是其中很少的一部分，如果将它们都画出来，那么将整本书画满都画不完。跟你讲这些是希望你知道，你跟别人不一样也没关系，因为大家本来就不一样。

乳房的大小由什么决定

这是个很常见的问题。如果你身边有同龄的小伙伴,大家也会相互观察。为啥有的大、有的小呢?

其中很重要的一个因素是基因。通常来讲,你看看自己的妈妈,就能大致判断出自己的情况了。也许大家的乳房会有一些差别,但几乎是从一个模子里出来的,而且不光大小、形状类似,连颜色也相似,甚至开始发育的时间也差不多。就像月经一样,有好多人跟我说:自己是13岁左右来的月经,一问妈妈,发现妈妈也是13岁左右来的月经。

前面我们在讲乳房结构的时候提到,乳房的框架成分是乳腺,其间填充的是脂肪,因此不难发现,乳房的大小明显跟其中的脂肪多少相关。脂肪多,乳房就会大一些;脂肪少,乳房就会小一些。如果是腺体型乳房,那么其大小可能跟腺体的多少也有一些关系。

这时,可能会有人问:"是不是胖了之后,乳房就一定会变大呢?"

也不全是。虽然确实有人胖了之后,乳房变大了,毕竟脂肪多了。但是,脂肪是不听咱们的话的,不会因为我们想让它们长哪儿，它们就长在哪儿。

接着，又会有人问："乳房小的话，是不是将来就没办法哺乳了啊？"

也不是的。虽然未来是否一定要用母乳喂养孩子不确定，但哺乳确实是乳房在生理层面上的功能之一，而在其中起到关键作用的就是乳腺。因此，不管乳房是大是小，只要乳腺是健康的、功能完善的，那么乳房即使不大，也仍然具有正常的哺乳功能。

所以，能否哺乳跟乳房大小没有关系。

乳房里硬硬的，有什么问题吗

很多正处在发育期的孩子在面对自己的身体变化时，通常会比较恐惧，总怀疑自己是不是生病了……

比如，在青春期发现自己的乳房里硬硬的。这种情况，六老师在小时候也遇到过。这种情况不分男女，谁都有可能遇到。因为青春期正好是乳腺发育的阶段，你摸到的硬硬的部位就是正在发育的乳腺。不用太担心，也不用去挤压或排斥它。

你只是因为不了解它，所以才会害怕。如果去问问自己的妈妈或其他女性长辈，没准儿会发现她们小时候也有过这样一个阶段。

按摩可以让乳房变大吗

不仅不会，还有可能带来风险。

很多人或多或少都听过这样的说法：按摩一下，乳房就能变大。好好的，你们为什么要让乳房变大呢？如果是专业的按摩，虽然没有啥太实质性的意义，但至少不会带来伤害。但如果是不专业、不规范的操作手法，那么无形中会伤害到乳腺。还记得前面我们把乳腺比喻成一串葡萄吗？各种粗糙的按摩手法就像在挤压、拿捏脆弱的乳腺……这不会给你们带来你们想要的效果，反而会带来一些损伤。

如果从研究的角度来讲，对腺体（包括乳腺、甲状腺等）过多的刺激会增加远期罹患相关疾病的风险。所以，无论是从效果的角度来看，还是从风险的角度来看，按摩都不可能让乳房变大，反而有造成伤害的风险。

乳房不对称，正常吗

正常。严格来讲，我们身上成双成对的器官和组织就没有完全对称的。比如双眼、双手、双脚都是不一样的，就连左右卵巢也是不同的。所以，乳房也是不对称的。而且，不对称才是人体的常态……顺便复习一下前面的知识点，阴唇也是不对称的。

一般来讲，左右不对称的情况并不明显，甚至我们用肉眼都看不出来，所以不用太苦恼。但有些人确实会非常在意别人的眼光……我们要笃定自己是正常的、健康的，不用担心。

只有十分之一左右的人的乳房会存在肉眼可见的不对称，这跟先天发育或者后天成长有一些关系。比如，某一侧总是在睡觉时被压着，或者本身就不是乳房的问题，而是某一侧的胸大肌比较发达，从而显得这一侧的乳房比较大。

当然，这些都是可能的原因。然而在现实生活中，不合适的文胸也可能导致视觉上的不对称，这就需要你及时更换适合自己的文胸。

总之，对于不对称不用担心，这大多并不是什么疾病，只是我们每个独立且特别的个体身上的小细节罢了！

乳晕和乳头分别是什么颜色的

你要问我具体色号，我还真的很难说出来，但我可以给你提供一个色卡（图34），这些颜色都是有可能的。

图34 乳晕和乳头颜色卡

你看这个六色盘中还有很多颜色是渐变的，它们会衍生出很多种颜色。这意味着每个人的乳晕和乳头的颜色可能都不一样，它并没有统一的标准。你可能会发现自己是3号偏上边一些。其他人来看，可能会觉得她自己是4号偏下边一些。

所以，人跟人是不同的，不用因为不是某一种颜色而苦恼或自卑，你现在的颜色就是属于你自己的颜色。

同时，每个人的肤色也是在变化之中的。比如，我们去沙滩上玩了几天，回来就发现自己的肤色发生了改变。我们身体其他部位的颜色也是动态变化的，尤其是私密处的颜色，主要受自身激素水平高低以及我们自身对激素水平敏感度的影响。

因此，在不同的发育阶段，不同的激素水平、不同的生理状态等因素共同带给我们每个阶段不同的颜色。所以，这个色卡既代表了不同人的不同颜色，也代表了一个人不同阶段有不同颜色的可能性。

答案从来都不是只有一个。如果你想找到答案，那么你自己就是答案。

乳头是什么形状的

这个问题跟前面关于颜色的问题一样,很难给出具体的答案,因为每个人都不一样。就像我可以告诉你大多数人的手有五个手指头,但是呢,你要问我手是什么形状的,那就为难我了。

所以,我还是给出一张图(图35),供你参考。

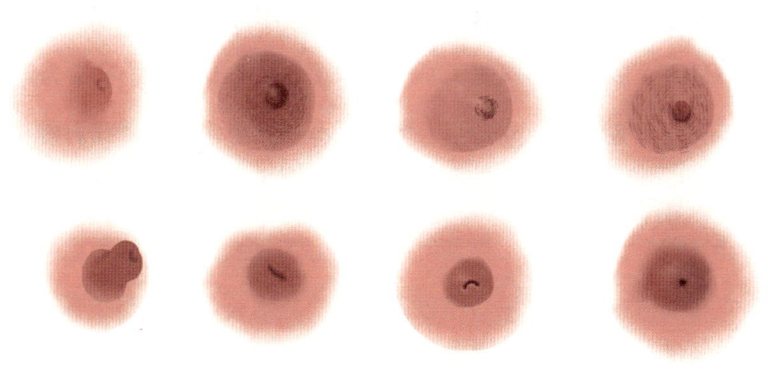

图35 乳头的不同形状

注意啊,不是说一共就这么八种,而是说乳头的形状比我们想象的还要多。而且,这八种在细节上稍微变化一下,就可能衍生出更多形状。所以,我们会发现,人体是很奇妙的,很难说每个人都会按照所谓的标准来生长。

虽然医学上确实存在一些标准,比如一般认为乳头的直径为0.8~1.5厘米,高度是1~2厘米。有的人觉得自己的乳头很小,有点儿像男性的乳头,所以想办法让其变大,甚至不惜做手术。也有人觉得自己的乳头很明显,经常有激凸现象,很是尴尬,感到很羞耻,整天琢磨着把它们缩小……

怎么说呢,医学上没有事先设定标准,没有要求每个人都必须按照这个模子来生长,而是说大多数人都在这些范围内,所以这些范围是归纳总结出来的,仅此而已。

这意味着就算不在这些范围内,也不代表就一定存在问题,只不过跟大多数人不同罢了。如果这让你担心或焦虑,我会告诉你,我们总有一些地方是跟大多数人不一样的,这就是我们要在成长中试着接受和包容的。

乳头凹陷怎么办

如果你看过图35，就可能会注意到，有些乳头是凹陷进去的。仅仅是凹陷，都有不同的形状和表现，一般来讲其发生率是1%~2%。

● 具体程度划分

一度

乳头部分内陷，能轻易被挤出，挤出后乳头大小与常人相似。乳头颈部存在。

二度

乳头完全内陷于乳晕之中，但可用手将其挤出，乳头较常人小。多半无乳头颈部。

三度

乳头完全埋在乳晕下方，无法挤出。

乳头凹陷的具体原因可能跟乳房本身发育不良有关，同时还有可能跟遗传有关。当然，还与一些后天的生活习惯或者疾病相关。其主要问题除了外表受影响之外，还包括会让姑娘们产生自卑或焦虑的心理，增加出现炎症、感染的风险。因为凹陷的乳头常常不太方便清洁，有时候甚至可能散发出异味。

● **处理方法**

当发现乳头凹陷后，有不同的处理方法，常用的方法有下面三种。

手法牵拉

青春期是乳房发育的重要时期，也是纠正乳头凹陷的最佳时期。每天牵拉乳头3~5次，每次10分钟，可使乳头自然地逐渐向外凸起。

负压法

负压法的原理和手法牵拉相似，只是负压法需要借助负压吸引装置，将凹陷的乳头吸出，并固定10~30分钟，每天1~2次。

手术治疗

少部分使用上述方法半年以上仍无明显疗效的患者，可考虑做手术治疗。当然，也需要让医生看看，以确认是否有一些原发病，必要时进行治疗。

虽然方法是这些，但也是需要在医生的指导下操作的，包括前面我在具体程度划分中说的用手将乳头挤出的操作。这些都得在医生的帮助下进行，不建议患者自己盲目地用手挤乳头，因为操作不当往往会造成损伤、感染、炎症等情况的发生。也不推荐用民间的很多方法。时代进步了，我们不妨把专业的事情交给专业的人来做。

乳头总是很痒，怎么办

这要分情况，大多数是由皮肤干燥或者文胸刺激导致的。

如果皮肤干燥，就会导致皮肤皲裂、脱皮。这时，不仅会有些痒，甚至还可能疼痛、出血，可以涂一些甘油、红霉素软膏等进行保湿。

如果是由文胸刺激导致的，有可能是文胸清洁不到位，或者更换不及时，抑或是夏天出汗多，文胸又要穿很长时间……这些都可能引起瘙痒。还有就是文胸材质的问题，比如有些人对化纤材料比较敏感，接触之后也会有瘙痒的情况。

当然，这些只是常见原因。如果进行相应处理后还是乳头痒的话，就要去查查是不是有湿疹、感染或者一些与乳腺相关的疾病，必要时还是得听医生的专业诊断意见。

乳晕上有些小痘痘，要紧吗

其实，乳晕上那些小小的颗粒是有名字的，它们叫蒙氏结节。它们主要跟体内雌激素和孕激素的变化有关，一般来讲是不痛不痒的，所以就不需要做特殊处理。如果出现了"红肿热痛痒"的情况，那可能就有炎症。

一方面要注意清洁，另一方面要注意保湿和抗感染。哦，对了，千万不要去挤那些小小的颗粒。原来它们在那里好好的，被你这么一挤反而很容易破，进而会导致炎症等情况的出现。

当然，有时候也会有很像青春痘的那种痘痘，那就属于毛囊炎的范畴了。是的，乳晕上也是有毛囊的，也会长毛！

乳晕上长毛，正常吗

一般来讲，绝大多数人的乳晕周围都会有一些细小的绒毛。偶尔，真的是在很偶尔的情况下，会有一两根比较明显的毛。它们有点儿像我们的腋毛，其实只要不痛不痒，也不用管。

只不过，有些人会觉得这跟自己想象中的不太一样，就总想着这是个问题，要想办法解决掉这些显眼的毛。当然，这是个人的选择，我是不建议将它们拔掉的，因为这会在无形中增加患毛囊炎的风险。

如果将来你长大了，还是想处理的话，可以考虑去医院做激光脱毛……哦，等等，有一种病理情况我忘记说了，即如果本身是多囊卵巢综合征患者的话，那乳晕上也可能会长出又长又黑的毛，但通常会伴有痤疮、月经稀发或停经等情况。

必要时去医院排查。

为什么摸乳头时会难受

虽然严格来讲这种情况跟健康关系不大,但是确实有不少人问过这个问题。这种情况还有个学名,叫乳头伤心综合征。

具体表现就是,只要乳头受刺激或者被碰触,心里立马就会涌现出各种难以抑制的失落、悲伤、焦虑、不安等负面情绪。有的排山倒海般涌现,还有的"细水长流"。若同时想起过去一些糟糕的事情,有的人甚至会直接哭出来。

目前,关于这方面的解释很少,所以只能说这种情况确实出现在某些人身上,但还没有太好的解释,咱们做到了解就好。

什么是副乳

● 先天性副乳

先天性副乳，其实不分男女，也不分年龄，都有可能出现。

这里要补充一个冷知识，就是在胚胎发育时期，乳腺其实是成对地出现在人体中线两侧的。也就是说，其实人类有好多对乳房，只不过在发育过程中，只保留了我们现在胸前的这一对。

但是，正如前面讲过的，研究表明，有2.5%左右的人会出现不止一对乳房，他们还可能有副乳……绝大多数副乳出现在腋下，当然也有极少数出现在腹部。而且，有的有乳头，有的没有乳头，只是单纯有乳腺的腺体。

而且，先天性副乳会在月经前期或者怀孕期间，随着正常乳房一起肿胀、变大，会有明显的不适感。等到月经结束或者生完孩子之后，它们又会慢慢缩小。副乳会发生这样周期性的变化。

对于这种先天性副乳，其实没有什么太好的解决办法，最主要的解决办法就是做手术。

● 后天性副乳

如果你的情况跟前面不一样，那就可能是我们接下来要说的后天性副乳（或者叫假性副乳）了。更直白地讲，就是你原本的脂肪在腋下形成的团块。这个团块里并没有单独的乳腺结构，那脂肪是从哪儿来的呢？可能是你胖了，可能是文胸不合适，导致把一部分脂肪挤了过来，还可能是把乳腺连带的脂肪一起挤过来了。说到底，假性副乳就是个流体物理的问题。

讲清楚具体形成的原因之后，其实副乳的问题就很好处理了：减肥，控制体重；或者选择合适的文胸，让胸部好好地待在文胸里；抑或是加强锻炼，把胸肌练得发达一些，让胸部在视觉上更加挺拔，可以试试俯卧撑、卧推以及弹力带夹胸等项目。

当然，还有一种方法是调整体态。驼背等不良体态也会导致脂肪堆积。把体态调整好，让胸部变得很挺拔，也可以避免假性副乳的形成。

看到这里，相信你对自己的副乳到底是先天性副乳还是后天性副乳，大概心里有答案了。

可以自检乳房吗

从目前学术界和相关指南的建议来看,都不建议大家进行乳房自检。以前确实有一段时间还挺鼓励大家自检的,但一段时间之后,发现这种自检方法非但没有帮助大家很早地发现疾病和风险,反而增加了大家的焦虑和紧张情绪。

所以,就不鼓励大家自检了。在前面我也讲了很多次,如果觉得身体哪里有异常,有明显的不适症状,要及时就诊。

与其自己在网上学习各种自检手法,不如定期体检。正好你也可以跟妈妈或其他女性长辈提一句,让她们也定期去做体检,至少每年做一次乳腺 B 超检查。这也算是学以致用了。

你看,学一些知识后,就可以实实在在地关心我们在意的人了。

如何挑选合适的文胸

严格来讲，这是个很复杂的问题，因为要照顾到每个人的具体发育情况。而且，很多姑娘的文胸都是妈妈或其他女性长辈买的，所以她们也不太具备选择的空间。但是，这里必须强调一下，尽早穿上适合自己的文胸，对发育和健康来讲都有很重要的正向意义。因此，如果觉得现在穿的文胸不舒服的话，就要及时更换。

这里重点说说尺寸的问题，虽然材质也很重要，但是穿着舒服的关键是合身，这就需要测量自己的胸围。

首先，你需要一个软皮尺，然后按照下面的方法测量出上下胸围，测量时留 1~2 指的宽松度，最后计算出自己的罩杯。

（1）测量下胸围有讲究，必须注意"两个重点、两个数据"，不然不够严肃。

两个重点：赤膊和站直。要的就是自然。

两个数据：软皮尺在胸部下缘水平绕一圈，吸气和呼气时各读取一个数。要的就是精准。

（2）按照图 36 所示姿势，测量出上胸围的三个数据。需要注意的是，软皮尺要沿乳头水平绕一圈，不宜松，也不宜紧。

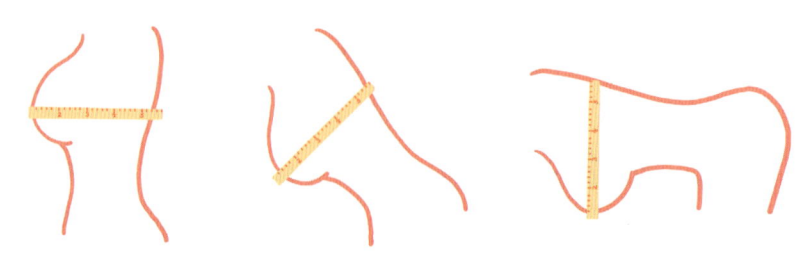

图 36　测量上胸围建议采用姿势

测量好之后，取下胸围两个数据的平均值及上胸围三个数据的平均值，然后对照表2。

表 2　文胸尺码对照表

单位：厘米

下胸围	上胸围[①]	文胸尺码
61～65	71～75	65A
	74～78	65B
	76～80	65C
	79～83	65D
	81～85	65E
	84～88	65F
	86～90	65G

[①] 数据有重叠，主要是考虑到有活动度以及经期乳腺变化的问题，所以在一些罩杯选择上会有重叠。

续表

下胸围	上胸围	文胸尺码
66~70	76~80	70A
	79~83	70B
	81~85	70C
	84~88	70D
	86~90	70E
	89~93	70F
	91~95	70G
71~75	81~85	75A
	84~88	75B
	86~90	75C
	89~93	75D
	91~95	75E
	94~98	75F
	96~100	75G
76~80	86~90	80A
	89~93	80B
	91~95	80C
	94~98	80D
	96~100	80E
	99~103	80F
	101~105	80G

这样就能大致选到适合自己的文胸了。随着身体的慢慢发育，你还要及时更新尺码，避免正常发育受影响。

为什么来月经时会不舒服

月经作为一种生理现象，通常会伴有各种身体上的变化。虽然只是周期性地出现，但确实非常令人头疼。而且，每个人面临的情况还都不完全相同。不过，归根结底大都围绕这样几个核心因素。

激素水平的变化

在来月经之前，激素水平相对较高。随着月经来潮，激素水平开始下降。因为激素在体内各部分脏器结构之间起到彼此衔接、协调的作用，一旦发生变化，比如激素水平下降了，身体就会出现各种小问题，包括腰酸背痛、水肿、头痛眼胀、情绪波动、食欲不振、皮肤黏膜改变等。

前列腺素的产生

说起这家伙——前列腺素，还有一点小历史，算是冷知识吧，分享给你。刚开始，前列腺素是在男性体液里发现的，人们认为它是由前列腺分泌的，因此就给它取了这个名字……可是，后来进一步研究后发现，女性体内也有前列腺素。而且，这种激素不光前列腺可以分泌，卵巢、肾上腺都可以分泌。这个时候改名字已经来不及了，就只能这么叫了。

因此，现在的局面就是，虽然女性体内没有前列腺，但确实会有前列腺素。这就像女性体内也有雄激素，男性体内也有雌激素一样。

好了，说回前列腺素。它的功能是促进子宫收缩，进而排出产生的经血和脱落的内膜。从这个角度来讲，它还是有意义的。但是，子宫在收缩的同时会压迫神经血管，从而引起疼痛。不经意间，我们就把前面提到的"原发性痛经"的原理讲出来了。

不仅如此，前列腺素还有可能放大炎症的效应，让前面说的各种不适症状加重，而且还衍生出头痛眼胀、腹泻恶心等一系列症状。可以这么说，经期的大部分不适症状都跟这家伙有一定关系。

一个很容易被大家忽略的因素

经期大部分经血会从宫颈口排到阴道里，最终流出体外，但会有极少量经血进入盆腹腔。这些血液在血管里算是血液，但对于盆腹腔来讲就算是"异物"了，会进一步刺激腹壁和肠管，与前面两种因素相叠加，就会让腰腹部以及肠道受到不同程度的刺激。

总之，在上面三种因素的作用下，很多人的经期症状大同小异，但又各成一派。这些因素和症状随机组合在一起会产生无数种排列组合，但究其原因，基本万变不离其宗。

什么是原发性痛经

咱们顺着前面的知识点,趁热打铁,把原发性痛经展开来聊一聊。

从这个名字来看,"原发性",感觉好像是天生的。从某种角度来讲,这也算有些道理,因为不少姑娘发生原发性痛经之后会去问妈妈或其他女性长辈,发现她们小时候也会痛经,而且跟自己发生痛经的年龄基本相仿。

但是,这个名字更严谨的说法是:从月经初潮开始就存在痛经的情况,并且没有明显的病因。不像我们前面讲的那种继发于巧克力囊肿之后的痛经。临床上把这类没啥原因、单纯就是疼的痛经称为原发性痛经。

这也是绝大多数姑娘面临的情况,具体原理我们在之前的问题中已经有所解答。经血向外排出的过程中会伴随疼痛,经血卡在子宫腔里会刺激子宫,身体通过反射调节产生更多前列腺素,加大收缩力度把经血排出去,这个过程会令人更疼。除非不来月经,否则每次来月经可能都会面临类似的情况。

这么听起来多少有些让人绝望,不过既然我们了解了原理,那么就有可能通过原理来找到解决的办法。下面是四种常用的方法。

第一种是利用热量

你可以想象到的暖水袋、暖宝宝，属于外部给热量；喝红糖水、热水，属于内部给热量……总之，就是用热量促进前列腺素的代谢来缓解痛经。虽然作用很有限，也不是回回都好使，但确实对某些人是有一定作用的。如果你试了之后，还是不好使，那就看看其他几种方法。

第二种是使用短效避孕药

这种方法是通过减少经血量来缓解痛经。经血量减少了，排出的压力会减少，经血产生之后就不用子宫使劲儿收缩，自己就可以顺利排出来了。这样就不需要那么多前列腺素，而且也可以降低经血进入盆腹腔的概率。整体来讲，这种方法是可以缓解疼痛的。

第三种是使用非甾体类抗炎药

如果对这个名字感到陌生，那你有没有听说过解热镇痛药？如果对这个名字也感到陌生的话，那布洛芬、萘普生等你有没有听过？这些都是同一类药物，也是临床和各大指南推荐的一线用药，主要是通过减少前列腺素的分泌量来缓解痛经的。只要前列腺素少了，身体自然就没那么痛了。

反过来也有人担心，如果前列腺素少了，那经血会不会排不出去啊？

其实不必担心，首先，经血在重力作用下可以排出来。其次，原本产生的前列腺素就已经足够促进经血排出，能引起疼痛，说明前列腺素通常已经过量了。最后，这类药物让很多姑娘都明白，原来来月经时是可以不痛的。

第四种是适当运动

你看到这里可能觉得我疯了。本来就痛得下不了地，你居然还建议运动……其实这并不是我的建议，客观来讲，这确实是某一部分人缓解痛经的方法。运动可以促进经血排出，使之不在子宫腔停留。这本身就能抑制前列腺素的产生，进而缓解痛经。

总之，这些都是基于原理的一些方法，我并不知道你适合哪种方法，只有试了你才能知道。当然，如果你想尝试，那最好是在医生的指导下进行。

来月经前胸部胀痛是病吗

这是一种正常现象,绝大多数人会在月经来之前出现明显的乳房肿胀、发硬等情况,有时候按压乳房会出现明显的压痛和刺痛。具体程度都不太一样,有的人比较明显,有的人相对轻微。同时,随着时间的推移也会存在不同程度的变化,有的人过去没有,现在有了,也有人之前症状比较轻微,后面变得越来越明显……

这些主要跟体内的激素水平和自身对激素水平的敏感度有关,正如我们前面讲基础知识的时候所提到的那样。一般在来月经前的 1~2 周会出现激素水平增高,进而乳腺会在激素的刺激下出现增生、组织水肿等症状,这些都会让人明显感觉跟平时不太一样。

通常在月经来了之后,症状开始缓解。原因相信大家也能猜到,来月经之后激素水平开始下降,所以乳房也就变得松弛、柔软,之前的不适感也就随之消失了。

当然,下次月经来之前,还会经历这个过程。如果不影响你的生活和学习的话,那就不用特殊处理。如果很影响生活,比如有的人会因为不舒服而变得很烦躁,甚至寝食难安,那就需要用些药来缓解。当然,我只是告诉大家有办法处理,不用独自忍受,但对于具体用药方法还需要跟医生沟通。

来月经前心情很不好是怎么回事

我曾在网上做过一个问卷调查，让大家用一个词来形容自己经期的心情。参与者有近 1.1 万人，其中 4660 人选择的词是"低落"，有 3750 人选择的词是"暴躁"，还有 2156 人选择的词是"失控"。

可见这三个词基本上涵盖了绝大多数姑娘在经期的情绪。当然，我相信很多人是三者都有，并且这三者是交替、重叠出现的。

在开始讨论月经对情绪的影响之前，我们首先要弄清楚情绪会受到多种因素影响。比如，在经期得知考试取得了好成绩，当然还是会开心的。

只不过，情绪确实也会受到体内激素水平的影响，而经期确实存在激素水平的波动。没办法，估计你们都知道我要说的下一句话了，是的，没错，"这就是正常的生理过程"。

而且，经期的情绪除了受到激素水平的影响外，还会受到经期各种身体不适症状的影响。这搁谁谁能有好心情啊？虽然我不来月经，但能想象到，这种情况确实于情于理都是正常存在的。

你肯定会说，我看你的书是希望解决问题的，结果你告诉我这都是正常的，都不用处理。

哈哈，也不完全是，只是我们需要先接受自己的情绪，它本来就是存在的。如果不能承认其存在，我们就很难正视它，更不可能去接纳它。因此，在确定我们总会或多或少遇到这些情况，而且存在明确生理基础的前提下，只要不影响我们的生活、学习、睡眠等，那有情绪也没关系，选择不伤害自己、不伤害别人，也不被别人伤害的方式把情绪释放掉就好。

你说呢？

经期拉肚子怎么办

这是困扰很多姑娘的一个问题，就是每次来月经都会拉肚子。有时候可能都没有什么排泄物，但总感觉肚子里叽里咕噜的，弄得自己心神不宁，恨不得住在厕所里。

前面我们讲到，前列腺素不仅会促进子宫收缩，还会刺激肠道，经期肠道受到前列腺素的刺激快速蠕动。这一"快速"不得了，肚子里就跟翻江倒海似的，进而消化和排便都会受到影响。

不仅前列腺素会来捣乱，我们讲到的那一部分顺着输卵管流入盆腔里的经血也不闲着，毕竟是流动的液体，可想而知，最终都会流到盆腔的最低点——直肠前方的直肠子宫陷凹。这对于直肠来讲是一种外来的刺激，会让你总是有便意或者肛门坠胀感。

而真正到厕所蹲下或坐下时，你就会发现这种感觉没有了。因为体位的改变导致血流到其他地方去了，所以经常有人说自己经期总是想上厕所，可刚蹲下就没感觉了。

当然，每个人还有可能存在非常个体化的原因，比如拉肚子跟饮食、饮水也有一定的相关性。又如，有些人平时就有一些肠胃的基础疾病，这类疾病的症状有可能在经期变得更加明显。咱们在这里主要分析的是跟月经相关的因素。

接下来，我们来讲讲具体的处理办法。

不得不说有些平时存在便秘情况的姑娘，对于经期这种顺畅反而是给"好评"的，因为她们全靠经期来排便，只是需要注意补充能量和电解质。

如果确实对日常生活有影响，那就要考虑用药，重点围绕减少前列腺素来进行治疗，比如那些解热镇痛药，但也要在医生的指导下使用，注意看禁忌证，这类药不是所有人都适用。如果本身有肠胃问题的话，就不适合使用了。

若是其他疾病引起的经期腹泻，就需要针对原发疾病进行治疗。当然，还有一些情况是没有办法解决的，比如没有办法避免经血流入腹腔。所以，有可能前面的方法对于很小一部分人来说不合适。对于这种情况，可以通过使用短效避孕药来减少经血量，从而减少流入腹腔的经血量。

总之，老六尽力了，对于有些个体情况确实无能为力。这也算是科普的局限性吧！

经期为什么会长痘痘

这种情况叫月经前痤疮，一般是在月经前 7~10 天出现，月经来了之后就慢慢消退。等到月经结束后，痘痘基本也就消了。很多本身就有痤疮的姑娘，这个时候症状也会明显加重。

●原因

接下来，我们来讲讲原因。一般认为，经期长痘痘与以下三点有关。

激素水平的变化

因为在月经前期，雌激素水平下降，孕激素和雄激素水平升高，这些变化会让皮肤处于旺盛分泌油脂的状态。尤其是在青春期，本身就会长痘痘，赶上月经期长痘痘的情况就会明显加重。

经期的皮脂腺导管的开口相对最小

皮脂分泌旺盛，再加上开口小，就特别容易堵上，这简直是为长痘痘创造了极佳的条件。

精神、饮食、睡眠等

比如，有的姑娘会在月经前期出现紧张、焦虑、饮食改变或者作息不规律等情况,这也为长痘痘创造了一些条件。

● 处理方法

讲完这些,接下来我们来讲讲具体的处理办法。

使用妇产科常用的一种药物——短效避孕药

这类药物可以让体内的激素水平保持稳定,同时还能降低雄激素的水平,从而改善皮肤油脂分泌旺盛的情况。如果说单用短效避孕药效果不好的话,还可以用一些专门降低雄激素水平的药物,但需要在医生的指导下使用。

使用专门针对痘痘的药物

比如,维A酸乳膏、阿达帕林凝胶等。最好是在医生的指导下使用。

当然,除了上面这两种方法以外,希望大家尽可能保持饮食健康、作息规律、情绪稳定。

总之,长痘痘这件事情非常烦人,但也不是没有办法处理,而且大多在月经结束之后就慢慢消失了。如果以上方法对你没有太好的效果,那么建议你去找专业的皮肤科医生进行处理。

为什么经期会怕冷

确实有人问过我这个问题，有的人来月经的时候真的会觉得很冷，就算穿很多衣服也仍然觉得冷。有的姑娘是在经期的第一天，有的姑娘在整个经期都是这样。接下来，我们就来讲讲在经期觉得冷的原因有哪些。

咱们先来讲讲冷的感觉是如何产生的。首先，人是恒温动物——体温是基本固定的，但是也存在周期性的波动。其次，人体上分布着很多温度感受器，比如我们的皮肤、黏膜，或者内脏上都有温度感受器。具体来分，温度感受器还有浅层的、深层的，大家大致了解一下就好。

这些温度感受器会把信号传入大脑，令人产生对外界温度的感觉。同时，也会刺激下丘脑这个体温调节中枢，使其进行体温的综合调节。

所以，简单来理解，就是在温度感受器和体温调节中枢的共同协作下，当外界的温度低于我们的体温时，我们通常就会感觉到冷。若这两个环节出现问题，通常我们就会出现一些异常，比如发热，体温调节中枢失灵，在外界温度不变的情况下感觉很冷。

同时，我们也见过有人因为过度饮酒，在冰天雪地的室外，明明已经处于失温状态,却觉得很热,恨不得光着膀子……这就是温度感受器失灵,传递错误信号所导致的。

好了,了解了我们感到冷的大致原理之后,我们依据客观生理基础来探讨一下,为什么在经期会觉得冷。通过查找资料并结合现实情况,我找到了三方面原因,供大家参考。

女性自身温度的周期性变化

非常明显的体温变化出现在排卵期之后,这个时候体温会升高 0.5℃左右。别看只有 0.5℃,足以让我们感觉到明显的差异。

直到开始来月经,升高的体温才会降到排卵前的水平。但下降也需要一个过程,而且有的人月经不是说来就来,有的可能在真正来之前就会有点滴出血,这时会被误以为是来月经的第一天。所以,有人说从月经第一天开始就觉得冷,有一定原因是体温还没有降下来。

与此同时,还有一个影响体温变化的原因,就是经血没有及时排出,顺着输卵管进入盆腹腔,以异物的形式引起微炎症,从而让人体处在低热状态。在这种情况下,人也会感觉到冷。

而且,这还连带着引出了第二方面的原因,我们继续讲。

体内前列腺素的产生会影响体温调控

前列腺素大家应该不陌生，前面讲痛经的时候经常提到它。它在来月经的时候会产生，同时在血液进入盆腹腔之后也会产生。

它作用在子宫上会加剧不适和疼痛，放大炎症反应，甚至刺激肠道，从而引起腹泻，刺激大脑，从而引起头痛。同时，它也有可能作用于下丘脑，干扰体温调节中枢。

具体来讲，就是让体温调节中枢得不到正确的体温感知，进而导致体温升高。体温升高之后，你会明显感觉到外部变得更冷了。这也是为什么痛经严重的人中，有相当一部分人会非常怕冷，碰到稍微有点儿凉的东西就会引起新一轮的疼痛，承受双重折磨。

但这也就解释了为什么很多治疗痛经的药物同时也是退热药，它们作用于前列腺素，减少前列腺素对身体的影响。这样不仅可以缓解疼痛，同时也可以降低体温，在体感上让人更舒服。

能量的摄入、产生、传导

有时候，我们在饥饿状态下，或者能量摄入不足的情况下，会感觉冷。这个时候，打哆嗦也是为了产生热量。当我们无法产生足够的热量、维持核心温度时，就会进入失温状态。

很多姑娘在经期，由于食欲减退、身体不适等原因，导致能量摄入不足，产生的热量随之减少。与此同时，因为各种不适，这些姑娘也不怎么活动，外周血液循环变慢，热量主要用于维持躯干核心部分的温度，对于四肢的热量供给就没有那么充足。因此，可能会感觉到手凉、脚凉。

不过，这里倒是可以顺便解答另一个令很多姑娘一直不解的问题，就是为什么来月经的时候小肚子摸起来凉凉的……

其实是因为小肚子有脂肪，脂肪中的血液循环本来就相对较慢，这就让脂肪不仅可以起到保温的作用，同时也可以减缓散热，把热量留在体内以维持基础体温，所以这种凉凉的感觉恰恰就是为了减缓散热而设计的。如果摸起来热热的，那说明对外散的热量也很多。在本身热量不足的情况下，这可不一定是什么好事情啊。

好了，以上这些就是针对经期为什么会怕冷这件事情做出的一些解释，供大家参考。因为每个人的体会都是不一样的，感受也是不同的。而且，更深一些的原理很难一次就完全讲透。

但是，希望这种基于生理基础的讨论能帮你解开心中的谜题，也能帮助你找到真正能让自己过得更舒服的方法。

月经紊乱怎么办

"月经紊乱"这个词已经深入人心了,以至于很多十几岁的孩子都直接说自己月经紊乱……其实,我们前面也讲过了,从你们开始来月经到慢慢建立起稳定的月经周期,平均需要 4.2 年的时间,甚至有的姑娘在 20 岁左右才算基本稳定下来,月经变得比较有规律。

所以,我更倾向于说,你们大多数时候面临的是月经变化或波动,而不是你们日常所说的"月经不调"或"月经紊乱"……事实上,很多时候月经只是如湖面一样,受到内在和外在原因的影响泛起了一阵涟漪,之后再慢慢恢复到规律而平静的状态。这算不上什么病,你们也不用太担心。

内在原因并不复杂,就是卵巢从开始显现功能到稳定地输出过程中难免会有一些波动或变化。就像我们刚学骑自行车时,骑起来总是摇摇晃晃的。

那么问题来了,刚刚提到的外在原因是什么呢?

一般是指情绪、饮食、环境、作息、运动、用药等,而且变化也是因人而异的。有的是经血量增多,有的是变少;有的是月经时间延长，有的是时间推迟或提前……总之，就是会泛起一阵"涟漪"。比如，马上要考试了，月经很可能就产生波动，不少姑娘在高考前都遇到过这样的情况。而且，越是有变化就越焦虑，进一步影响前面提到的那些因素，慢慢陷入恶性循环。

再举个例子，比如逢年过节或者放寒暑假，大家会出去旅游。由于地域的改变，饮食和作息习惯发生了改变，月经也会出现变化。经常有姑娘平时没事儿，一放假月经可能就会受影响。

又如，有的姑娘失恋之后情绪崩溃，整晚整晚地辗转难眠，有时候吃着饭就默默地哭起来……这种情况也很有可能反映到月经上。

还要额外说一句，有些姑娘会在某个阶段进行快速减肥，就是短时间内减重很多，这种情况也有可能会导致月经发生变化，有的甚至可能会出现停经的情况。

总之，关于月经周期的问题一直都很困扰大家，而且月经这个名字也存在一定的误导作用，让大家都以为月经就应该一个月来一次，其实并不是的，有的人是 35 天来一次，有的人是 28 天来一次。这在大家嘴里就变成"我每个月推迟 5 天""我每个月提前 2 天"……这听上去好像有啥问题，但若真去医院看，啥也查不出来，而且医生也会告诉你，这是正常的。

为啥呢？

因为在医生看来，月经稳定不稳定，主要取决于间隔时间是否稳定。如果你学过等差数列就能明白，只要两次月经间隔时间基本固定不变（在 7 天内波动），我们都认为月经是规律的。也就是说，如果你都是隔 40 天来一次月经，那我们也认为你没啥问题。

而且，也不用跟别人比较。这没啥对比性，因为月经非常个性化，你来你的，她来她的，有可能同时来，也有可能总是错开，这都是常有的事儿。有时候，母女或姐妹俩的月经都是不完全一样的。所以放宽心，很多时候都是正常的，我们需要学会接纳自己。

如果连续三个月经周期都出现了一些明显的波动或异常，就可以去医院做妇科 B 超检查和性腺六项检查，让医生来协助你诊断。

为什么时隔半个月又来月经了

经常有姑娘发私信问我,说她两次月经之间还有出血,甚至每隔两周左右就会来一次月经,只不过其中一次量比较大,另一次量比较小,持续的时间也比较短,所以就想问问这到底是怎么回事儿。

对于这种情况,我们通常考虑的就是排卵期出血。

因为大家对非经期的出血总是非常紧张和焦虑,所以我们今天就来聊一聊排卵期出血。

在排卵期,卵泡发育成熟,时刻准备着排卵。同时,内膜也在雌激素水平的支持下不断增厚,达到可以受孕的水平。也就是说,这个时候的子宫内膜处在相对偏厚的状态。

到了排卵的时候,卵子排出的过程中会出现激素水平的波动。如果波动比较剧烈的话,势必会带动子宫内膜的一部分出现剥脱和移位,进而导致少量出血。这就是排卵期出血的大致过程。

肯定有很多人好奇是什么原因导致了激素水平的剧烈波动。除了排卵本身的过程,会影响激素水平的因素还可能有环境温度、心理压力、饮食、运动等。这些对于我们身体的激素水平来讲都是变量,所以激素水平有可能在外界的刺激下出现剧烈波动，但通常这种波动都是短暂的或偶尔出现的。

因此，很多人其实都是偶尔出现一次或两次这种情况，并不需要担心。在临床上，如果你连续三个月经周期都出现了排卵期出血的情况，医生会建议你去做妇科 B 超检查和性腺六项检查，观察卵巢和子宫内膜的情况。必要的话可能会采用激素类药物进行治疗，而偶尔出现一两次，建议保持清洁就好。

总之，排卵期出血不是什么大问题，也不是什么重大疾病。有时候去检查可能也查不出问题，但它就是特别烦人，因为有的人可能整个月经周期中没有几天不出血。

希望姑娘们了解这种情况，如果遇到了也不至于太惊慌失措。如果确实有问题的话，建议大家去医院检查，进行规范的治疗。

经期总是很长怎么办

想想看,如果在青春期遇到出血不停的情况,肯定会往最糟糕的方向去想。如果家长很难解释清楚的话,你们可能每天都会生活在恐慌中,这又进一步加重了这种情况。

可是,这到底是怎么了?

的确会有一部分人在真正来月经之前有那么几天稀稀拉拉地点滴出血。你说它是月经吧,也不算是。你说它不算吧,但你至少得垫护垫了。这通常是因为激素水平在月经真正来之前就开始波动了,比如孕激素水平提前降低了,子宫内膜支撑不住了,开始有点儿出血。而孕激素水平的提前降低有时候跟排卵后形成的黄体提前萎缩有关。就像还没到下课呢,老师先走了,课堂秩序就乱了。

同时,还有些时候月经迟迟结束不了,总是接连不断,一直有出血,有时候甚至只是深红色或深棕色的分泌物。有的人能持续半个月,还有极个别人基本上能跟下次月经连起来。这主要是因为黄体在月经结束后并没有完全萎缩,还在分泌少量孕激素,让子宫内膜始终处在一个偏厚但又支撑不住的状态下,进而导致一直出血。这有点儿像已经下课了,但是老师还没走,同学们都等着放学回家,就开始躁动起来……开玩笑。所以,这跟黄体在规定时间内萎缩消失密切相关。那么，哪些因素会影响到黄体呢？

对，还是前面提到的那些因素：环境、情绪、压力、运动、作息、饮食等。好在每次排卵之后都会形成黄体，就算之前那个黄体不好，也会被后面产生的黄体取代。

所以，就算以前出现过月经提前来，或者时间延长了的情况，也不代表以后都是这样。毕竟新的月经周期中一定会有新的黄体形成，没准儿这次它就老老实实萎缩消失了。

正因为存在不确定性和随机性，所以如果连续三个月经周期出现经期延长的情况，我们才考虑去医院看看，否则大可不必担心。

经血颜色很深，有血块怎么办

我在网上经常收到一些发经血照片的私信。总有人跟我说："经血颜色太深了，还有血块。我是不是得绝症了？"

我们中的大多数人其实都可以识别出血液的颜色，准确地说是动脉血的颜色。在我们的印象里，血液只能是鲜红色的……如果不是的话，就总觉得有问题。

其实血液有很多种颜色，在不同状态下也会呈现出不同的颜色。我在之前科普时开玩笑说，血液颜色就像口红色号那么多，大家可以分清不同的口红色号，也就一定能分清血液的色号。

比如，新鲜的动脉血是橙红色的，而新鲜的静脉血则是暗红色的。血液流出一段时间后，就会变成陈旧性出血，那就变成深红色、深棕色、棕紫色等不同的色号。

这些颜色在临床上都是用来判断出血时间、出血位置、活动性出血的信息之一。接下来，假装有一个微距镜头，可以用来近距离观察血液或月经的变化。我们跟随下面这段文字开始想象。

"肥沃"的子宫内膜送走了最后一拨激素，又到了脆弱的剥脱季节。因为激素水平的下降导致子宫内膜开始逐渐萎缩、剥离，其中的小血管撕扯着、破裂着，血液随之而来，席卷子宫腔。

为了让血液和子宫内膜尽快离开子宫腔，人体想尽了办法：一方面保持血液在子宫腔的流动性，避免结块拥堵，以便尽快流出去；另一方面靠前列腺素等给子宫加压，让子宫通过收缩把血液和子宫内膜从宫颈口挤出去。但是，血多口窄，很容易堵上，由此便会引来一阵一阵疼痛。

被挤出来的血液和子宫内膜进入一条环状肌性管道，管道变得平缓起来，像是雪山上融化的雪水流向了平原……有时候会很快流出去；有时候会在平缓的洼地聚集，比如后穹窿；有时候平躺、坐卧会让它们在其中多停留一些时间，聚集在这里的血液和子宫内膜会慢慢凝结成块，颜色逐渐变深，在活动的过程中再滑出体外。

当我们看到它们的时候，它们其实基本都已经历类似的过程，或早或晚……其性状和颜色跟我们想象中的都不太一样。

其实，参与其中的每一个角色都只是在发生正常的反应和变化，它们共同作用，导致了被称为月经的生理现象的发生。

所以，观察整个过程后就会发现，你大概率看到的经血颜色就是图 37 中 4~6 号的颜色，甚至可能还会是比 6 号更深的颜色。你看到的颜色主要取决于你看的时间的早晚。

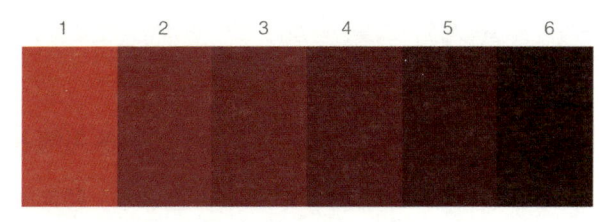

图 37　月经色号色卡

因此，如果我们熟悉血液本身的特质，就能明白我们看到的颜色背后的含义。

来月经前体重为什么会增加？经期怎么吃都不胖吗

前几天，我夫人说她的体重突然增加了。虽然我俩一直信奉"健康就好"，对体重什么的看得很淡，但是发现体重突然增加了还是会有一些慌张。我问了她最近的月经情况，结果发现，她快来月经了。

我就跟她说："没事儿，来月经之前，体重就是会增加的。"

这也是因为激素水平的改变，这个时候人体处于"水钠潴留"状态。简单来讲，就是很多水分留在体内，一部分人会出现明显的水肿，这个时候体重会达到日常高峰。

经期"水钠潴留"的情况开始改善，体重开始回落，让你误以为自己在减重。在这期间，如果赶上肠道功能减退，有些人可能表现为食欲减退，或者消化不好，抑或是拉肚子。总之，体重有可能进一步受到影响。

月经结束后，体重完成了一次过山车式的波动，最终跌回到正常水平。前后落差会给你造成来月经前自己胖了，经期又咋吃都不胖的错觉。

总之，整个过程就像常见的"打折促销"手法，先把打折商品提价，然后进行打折，给你捡到便宜的错觉……但实际上价格跟平时差不多。

顺便送个知识点：最接近你真实体重的是月经结束后第二天早上空腹的体重。

好了，关于这个话题就讲到这里。

经期不能吃什么

很多人问过这个问题,所以我就把几个基本原则放在这里。

第一个基本原则

平时你吃着没事的东西,大概率在经期吃也没事。如果有些东西你平时吃着就不行,那么经期也没必要挑战自己。

第二个基本原则

有些东西你平时吃多了没事,大概率在经期吃那么多也没啥问题,有问题的话可以适当减量。如果有些东西你平时吃多了就会难受,那在经期更需要控制摄入量。

第三个基本原则

对于同一种食物,每个人的感受和反应是不同的。同一个人,对于同一种食物的感受和反应在不同条件下以及不同人生阶段也是不同的。没有定论,只能自己去感受和体验。

综合上面这几个原则,你估计很快就可以判断出某些食物自己是不是适合吃。如果还是拿不准,就只能先试试看了。只不过,一开始尝试的时候,我还是建议少量、低频地尝试。别一上来就猛吃,那就算不是在经期也受不了。

看到这里,你可能想说:"哎呀,老六,我没想学什么原则,只想知道经期能不能吃杧果、雪糕或辣椒,能不能喝奶茶、咖啡或冰水……"

在临床上,对这方面完全没有具体要求,也不会规定你能吃什么、不能吃什么,因为没人知道你能不能吃。很多时候,我们都是自己吓唬自己,比如有人说经期不能吃杧果,吃杧果会让经血凝固,流不出来。哈哈,你听听,如果杧果有这功能,那早就用来做止血药了。手划破了,咱们吃个杧果,血就止住了。就算有研究证明杧果里有点儿跟凝血相关的因子,那也不能脱离剂量来讨论。如果研究数据告诉你杧果确实有凝血相关因子,但是得一次性吃两吨杧果才能实现,你说这得花多少钱啊……

当然,从另外一个角度来说,我过去在临床上见过有姑娘吃了某种东西没事,也有姑娘别说吃了,看到就难受的情况。这确实因人而异。

就拿我夫人来说,她打小就被母亲提醒经期不能吃雪糕。可是在她长大了,自己学习了相关知识之后,试着少量吃了点儿,发现没事,然后就很少再拿这个当作禁忌了。

但是，她也有在经期不能吃的，比如辣椒。前面讲了月经期间肠道很容易受到刺激，吃辣椒也会进一步刺激肠道。吃了辣椒后，她会不舒服，所以就很少在经期吃。不过，这也只是她自己的情况。我还认识一些川渝、云贵、湘赣地区的朋友，她们在经期吃辣，一点儿问题都没有。

还有一次，我夫人说经期吃不了橘子。我就问她为啥，她说因为吃了橘子之后嘴疼……我就很纳闷儿，这跟经期有啥关系？她说是因为她偶尔会在经期出现口腔溃疡还有牙龈充血的情况，这个时候吃橘子嘴会疼，所以她就比较少吃。

这只是一个特例，因为我和她每天都生活在一起，才知道这些细节，否则我完全不可能知道哪些东西她不能吃，最终还是得她自己尝试之后再总结。

但她也知道，那只是她自己的经验，可能对别人并没有什么参考意义。反过来，你也可以问问自己和自己的母亲，看看你们的异同之处。

有时候，有母女在经期都不能吃的某种食物，也有女儿能吃，但是妈妈不能吃的的情况。总之，我们就是希望精准化地让大家都能吃上想吃的，同时又能少受罪。

好了，大概就是这样。

经期不能做什么

是不是很熟悉？如果上面那篇是饮食篇的话，那么这一篇就是饮食外的生活篇。

比如，有人问："经期能不能运动？能不能洗澡？能不能洗头？"也有人问："经期能不能坐车？能不能唱歌？"还有人问："经期能不能拔牙？能不能做手术？"

这些都是大家比较担心的问题，就怕自己在不知情的情况下做了这些事情，留下一些潜在的风险，有可能对自己将来造成某些影响。咱们还是先说大原则。

● **大原则**

第一个大原则

因为经期会发生一系列生理变化，它们是客观存在的，但是这些生理变化是否影响衣食住行，并无定论。如果有，医学界肯定会用各种方法提醒大家，就像我们过马路要看红绿灯那样从小就提醒我们了。所以，并不存在统一的标准来要求每一个具体的人。

第二个大原则

经期的生理变化给每个人带来的体验和感受都是不一样的,这导致同样做一件事情但结果千差万别。有的人做了没事,有的人做了就有事。需要记住的是,别人有没有事都跟自己没关系,只有自己试过才知道。而且,就算有影响也大多是一过性的,也就是说很快就会过去。所谓不可逆的伤害通常是在极端情况下才有可能遇到,而且很难仅通过单一因素产生,往往是多种原因"共振"产生的。也就是说,就算你在经期做了,也不一定必然会造成伤害。

第三个大原则

很多事情都有程度和技巧之分,如果你平时就不精通于此,那么无论在什么时候做,大概率都有可能出现糟糕的结果,但是对于专业的人来讲,月经的影响就可控了……其实,很多专业人员都有自己的办法,可以尽量保证在经期还能保持很好的专业状态。比如,有很多女运动员在经期照样参加奥运会,还有一些女歌手能保持良好的发声习惯和技巧,在经期唱歌也没啥问题。

还有最后一点

虽然这不是原则,但是也有必要说一下。比如,你在做某件事情的时候还没来月经，但是在做的过程中月经就来了，而且事情一时半会儿还停不下来，那怎么办呢？

那我可以告诉你，在你身体出现明显不适症状之前，其实都没啥问题。如果出现不适症状了，建议及时停下来，保持密切观察。如果不适症状缓解或消失了，那么就不用太担心了。如果不适症状持续存在并且逐渐加重了，那可能就要考虑是不是存在什么严重的情况。

就比如，你在游泳，正游着呢，你发现好像来月经了，但是你还差几十米才到岸边。这时，你可以继续游过去，这其实没啥影响。

● 能不能运动

能，但要看个人的具体情况以及运动项目。

这里就要说到经期哪些运动是不推荐的了。当然，只是不推荐，也不是完全不行。

第一，增加腹压的运动尽量不要做

会增加腹压的运动有仰卧起坐、俯卧撑、深蹲重等。增加腹部压力会压迫子宫，有可能导致痛经。就算原本不疼，也有可能产生不适。

第二，避免剧烈运动

即使是参加奥运会的女运动员，也需要提前调整自己的月经周期，可见这一点很重要。剧烈的运动包括：百米冲刺、跳远、跳高等。

第三，骑跨类的动作就不要做了

比如骑自行车，因为经期子宫及外阴充血，这个时候比较脆弱，易损伤，而骑自行车这样的运动恰恰就有可能损伤这些部位。如果路况不好，损伤还会加重，所以还是需要格外小心。

● **哪些运动可以做呢**

比如散步、慢跑等有氧运动都是可以的，频率的话两三天运动一次即可。这里需要额外说一句，有些人反馈说慢跑可以缓解痛经。一般是在还不痛的时候去跑，因为震动和重力，经血会很快流出宫腔，避免堆积，这样可以避免痛经的发生。但如果已经痛起来了，其实就很难去运动了。

前面提到了游泳，其实在使用卫生棉条的情况下是可以适当游泳的。只是又运动又碰凉水，很多人对此还是很担心的。当然，这都是个人的选择。即使我说可以，也不代表你们一定要去做。如果要去游泳的话，需要注意水体的清洁，不然还有感染的可能性。

● 能不能洗澡、洗头呢

既然都可以去游泳了，那么自然也就可以洗澡和洗头了。有人担心一洗澡，经血就少了，甚至干脆就不来了。我可以先给出一个简单粗暴的回答："不来就不来呗，少出点儿血，还节约卫生巾呢！"

如果想讨论生理层面的知识，就得说到一个基本原理，就是洗澡这个过程本身会促进全身的血液循环，那么就有可能使原本在盆腹腔的血液流到其他地方去。这样经血就少了，或者干脆就没了。而且，之前也说了，月经很脆弱，很容易受外界影响……关键是并不总是这样，有的人洗完澡后经血反而来得更多了。血液循环嘛，可以循环出去，也有可能循环进来。

所以，对于洗完澡之后经血量的多或少，其实都不用太担心。那有人又会问了："不流出来，不会对身体造成影响吗？"

这也是对月经的误解，总觉得来月经是在排出脏东西，在排污……其实并不是，前面也都讲过了，流出来的就是血液和子宫内膜，月经结束了就是结束了，不存在什么毒素或者脏东西积累在体内的问题。

当然，在清洁方面还需要注意以下问题。

第一，不推荐盆浴或坐浴

原因是在月经期间，宫颈分泌的黏液稀薄，宫颈基本处于通畅的状态，盆浴有可能导致阴道菌群以及水里的菌群逆行感染。你想想看，那些刚刚脱落的子宫内膜、刚刚流出的血液，简直就是细菌滋生的天堂。所以，不推荐盆浴，尽量选择淋浴。如果住校，没有清洁条件的话，也可以用水撩着洗。

第二，注意保暖

首先，选择温度合适的水（40～42℃），体感上相对更舒适一些。当然，有人喜欢烫一些，也有人喜欢凉一些。这也跟季节相关。总之，平时怎么洗，经期就怎么洗。其次，建议洗的前、中、后期都做好保暖措施，这能减少经期的不适感。另外，就算不是在经期，不做好保暖措施也很容易生病。

●能不能坐车

这里需要延展一下，就是任何需要久坐的事情，在经期都有可能增加炎症感染的风险。除了坐车时，还有上课时，都得坐着，因此建议每隔一个小时站起来活动一下。尤其不建议跷二郎腿，因为久坐加上跷二郎腿，会导致密闭的空间温度升高，空气不流通，形成天然细菌培养基，增加患外阴炎的风险。

● 能不能唱歌

这里主要讨论的是经期可能会有声带水肿的情况，有的人担心唱歌时用力过猛会引起声带损伤……怎么说呢，还是那个道理，如果发声不科学、不专业，无保护措施，就算不是在经期也会损伤声带，所以重点是在有保护措施的情况下使用嗓子，而不是一刀切地认为在经期完全不能唱歌。

所以，经期只是相对平时有些不同，但也没有天差地别的不同，不能弄得好像到了经期就得完全换个活法似的。不用的，月经归根结底不过是一种生理现象。既然说到有些不同，那就再说说另外一个问题。

● 能不能拔牙？能不能做手术

回答这个问题需要用到一个新的词语——"出血倾向"。因为在经期拔牙的话，要比平时出更多的血，血液凝固需要花更多的时间。所以，不建议在经期拔牙。如果你说"不行，今天不拔，我就活不下去了"，那医生会尽量找到既不用拔牙，又能让你不痛苦的方法。如果实在必须得拔了，那也可以拔，只是它不作为第一选择罢了。

同理，大多数手术也是这样的。如果可以选择做手术的时间的话，医生一般是会避开经期的。如果是急诊手术，那就只能做了，因为比起多出一些血，救命更重要一些。

整体看下来，其实我并不是想事无巨细地把你生活中的方方面面都照顾到，而是"授之以渔"，让你们学会自己分析，甚至学会之后还能帮着家里的其他女性分析。你会发现有些地方你们是一样的，有些地方可能就不一样。

这是挺有意义的交流，最后你会发现你就是独一无二的。

想推迟月经怎么办

几乎每年某些固定的时期,都有人来咨询推迟月经的问题,尤其是赶上考试时,大家普遍还是担心月经会影响考试发挥。当然,也有其他原因,咱们在这里就不展开讨论了。

回到具体问题上,方法当然是有的。无论是打针还是吃药,大多是提前两周到一个月开始准备,基本上都是有机会把月经推迟的。但是,如果你明天就要来月经了,今天想推迟,那恐怕就真的没办法了。下面说说具体推迟的原理。

简单来讲,就是用药物来维持身体内激素水平的持续稳定。只要激素水平没有太大波动,子宫内膜就能保持稳定状态,始终不会发生剥脱,因此月经也就不会出现了。

那么,能维持子宫内膜稳定的激素有哪些呢?还记得之前关于月经周期激素水平变化的图吗?主要就是那些在来月经之前会自然减少的激素。月经恰恰就是因为那些激素水平下降之后才出现的,所以咱们将计就计,通过药物补充,让那些激素水平不下降,一直维持稳定。这样,月经就一直在要来不来的状态。等你停了药,激素水平自然维持不住,月经就来了。

常用的药物主要就是黄体酮或者短效避孕药,但是这都需要在医生的指导下使用。毕竟剂量和用法都是需要专业指导的,咱们这只是科普知识，主要是给大家指指路。要想推迟月经，很重要的一点就是提前去跟医生沟通。保险起见，最好是提前一个月去找医生。

有些话我还是要提醒到位，不是所有人用了那些药物都没啥症状。因为有的人本来就算真来月经了也没啥事儿，不影响考试发挥，反而可能会因为担心，用了推迟月经的药物却出现了头晕、恶心等症状。本来是担心月经影响考试状态，结果没想到是药物最终影响了考试结果，这就得不偿失了。

当然，我也不是在这里说"何不食肉糜"，确实有不少姑娘在经期会有痛经、腹泻等不适症状，一来月经就要受折磨，每次来月经都像经历一场劫难。在这种状态下，真的很难全神贯注地答题，所以有推迟月经的想法也是可以理解的，但还是要依据自身的实际情况来判断。

面对经期这些不适症状，除了可以选择推迟月经这种方法外，还可以针对这些不适症状进行治疗，因此不必孤注一掷，最终都以咱们可以在考试中尽量少受月经的影响为目的。

如何选择卫生巾

我猜很多姑娘一开始都是使用卫生巾的，因为你们的妈妈或其他女性长辈很多就是使用卫生巾的，所以你们大概率也会使用卫生巾。但是，请注意，好像很少见到女儿自己选择卫生巾的情况。通常是家长给女儿买好，女儿自己用就好了……因为家长担心女儿不知道如何挑选，或者不知道该关注哪些重要信息。所以，咱们就先聊一聊卫生巾到底是用什么做的。

● **卫生巾的结构**

卫生巾通常分为三层。

表层

表层与皮肤接触，同时吸收经血。因此，一般就要求肤感舒适，同时要求经血快速渗透，尽量不在表面长时间停留，不给炎症刺激留机会。通常卫生巾会有一些花纹设计来引导和加快血液吸收，避免血液还没有被吸收就侧漏了。同时，卫生巾一般也会选择亲肤材质来增加舒适度，避免过敏。一般选用棉质或经特殊处理过的抗过敏材质。

中层

中层吸收和锁住经血。经血透过表层之后进入中层，被特殊材质吸收并固定住。因此，这一层的主要作用是避免经血因为走路摩擦、挤压而流到其他地方以及反渗，减少私处黏糊糊的感觉。这一层也是各家卫生巾品牌努力研发的领域。各品牌都希望争取做到卫生巾吸收效果又快又好，而且还足够轻薄、服帖，使用时还不受各种限制。

底层

底层主要是透气，排出水分，使气体状的水分子顺利通过，有效减少卫生巾与身体之间存在的很多水，从而避免私处潮湿、闷热，保持干爽。当然，前面两层也是有这个要求的。

除此之外，卫生巾还会有护翼、防侧漏条和粘胶。这些一方面是起固定作用，避免卫生巾挪动；另一方面是避免经血流到我们不希望流到的地方。

● 卫生巾的挑选

接下来要讲的是怎么挑选卫生巾，我们需要关注下面这几点。

过敏

其实是否会过敏，你自己用一次就知道了，但是在用之前谁也不知道，所以你可以从最常见的品牌入手。毕竟用的人多，那就说明大多数人使用都没啥问题，你用的话，出现问题的概率也会低一些。

添加物

有很多品牌会在卫生巾里加入跟原本功能无关的成分：有的可能是香味，以掩盖经血的味道；有的可能会宣传说有养生保健的成分。这些有可能会增加过敏或炎症发生的风险，而且可能会更贵一些。羊毛出在羊身上，没必要追求这个。

经量

这就牵扯到日用、夜用以及各种加长加宽的选择了，你站在超市货架前就知道有多少种分类了（图38）。但这个只能由你自己判断，在找到适合自己的产品之前，恐怕得尝试一些，有可能还会走一些弯路。这个时候可以跟家长商量。

护垫　　　日用型　　　　夜用型　　　　　裤型卫生巾

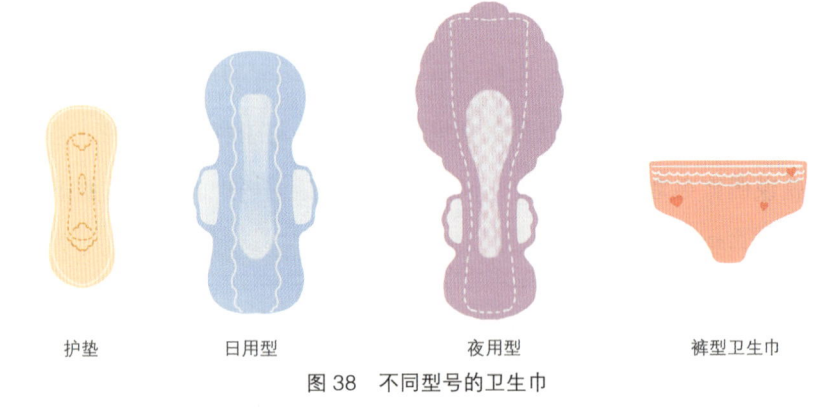

图 38　不同型号的卫生巾

至于品牌，正规品牌的卫生巾永远是首选，比如大型商场、超市销售的市场占有率较高的知名企业生产的品牌产品。简单来讲，就是挑选货架上占用面积最大的那种。

再补充一句，关于储存的问题，尽量把卫生巾放在干燥、透气、阴凉的地方，避免潮湿或者密封的环境。这样做主要是避免卫生巾在这种环境中被污染，使用之后也会增加炎症感染的风险。

最后，可能还会有人问多久更换一次卫生巾的问题。一般来讲，2~4 小时更换一次，但是如果量多的话可能就需要更换得频繁一些，量少的时候就不用换这么勤了。事实上，虽然可以给出一个大致的时间，但其实大家都是依照自己的感觉来更换的。比如，夏天很闷热时，可能就会适当增加更换频次。在户外出汗比较多时，也要及时更换。还有白天和晚上因为运动量不同，可能更换的频次也不同。整体来讲，白天2~3小时换一次，晚上3~4小时换一次就好。

好了，大概就是这样。

还有其他经期卫生用品吗

怎么说呢,其实还有卫生棉条和月经杯等,并不是只有卫生巾这一个选项,但是在这里我介绍起来就会有些困难。主要是因为很多女性长辈只用过卫生巾,女儿使用什么卫生用品,在目前的环境下还是由女性长辈来决定的。而且,其他卫生用品还涉及放入阴道中的问题,所以讲起来就很难。

一方面,其他卫生用品不符合女性长辈自己的使用习惯,我们对陌生的东西还是会有本能的抵触心理。如果女性长辈中有人本身就用卫生棉条,那可能你们也更好接受一些。另一方面,若要放入阴道,势必要讨论阴道瓣的问题,这个也不是我这样科普就能帮大家做决定的。

但是,我们每个人都有机会去了解其他选项。就算最后不选,也是在充分知晓的情况下做出的选择,而不是觉得就只有一个选择。

卫生棉条

有人说卫生棉条是 1929 年美国的医生发明的,也有人说是德国的妇科女医生在 1950 年设计出来的。总之,至少证明卫生棉条有些年头了,而且打从设计之初,其目的就是解放女性。因为就算每次月经正常来,没有任何痛经的症状,光是使用卫生巾就很令人痛苦了。虽然卫生巾近些年来有了很大的进步,但是不适感不能完全消除,尤其是在夏天或者运动的时候。

所以,有人就发明了卫生棉条。简单来讲,卫生棉条就是一个圆柱形的、可以吸收经血的卫生用品(图39)。材质主要以棉和人造纤维或者混合材料为主。它可以分为不同的型号,直径基本上是1~2厘米。其尾部有一根棉线,是取出棉条用的。

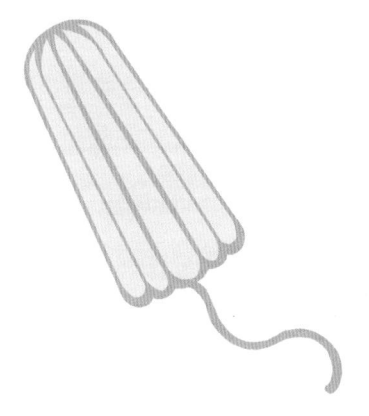

图39 卫生棉条

从目前的使用群体来看,国外女性使用率高于国内女性;从年龄层的分布来看,有性生活的女性使用率高于还没有性生活的女性。为了应对人们不同的需求以及经量,卫生棉条还有不同的型号。同时,使用方法和时长也有很多不同。不规范使用还是会存在一些风险,这是必须指出来的。

当然，在这里我就简单做一下介绍。如果你真的感兴趣，可以继续搜索、学习相关的信息，也可以跟女性长辈一起讨论，没准儿将来你们有机会可以一起尝试。

月经杯

它也是在几十年前被发明出来的，目的也是避免使用卫生巾带来的各种不适。区别于卫生棉条，月经杯更加环保，因为它被设计为可重复使用。

简单来讲，来月经其实有点儿像流鼻血。处理流出的血有三种方式：第一种方式，你可以将纸垫在外面或用纸将血擦掉，相当于使用卫生巾；第二种方式，可以把纸卷一卷塞进去，等吸满了血再将纸拿出来，相当于使用卫生棉条；第三种方式，就是拿个小杯子直接在出血的源头将血接住，等接满了再将杯子拿出来，倒掉血并清洗之后再将杯子放回去，相当于使用月经杯。

月经杯基本都是用医用硅胶制成的，一般来讲很软且有弹性，样子就跟杯子差不多（图40）。当然，应对不同人的需求，还会有不同的尺寸以及各种使用方式。网上有很多相关的视频，如果感兴趣的话可以查找看看。但必须说一下，这个也是要放在阴道里的，而且还需要自己放自己取。这就涉及清洁、消毒等步骤，如果使用不规范的话，就会存在各种风险和问题。

图 40　月经杯

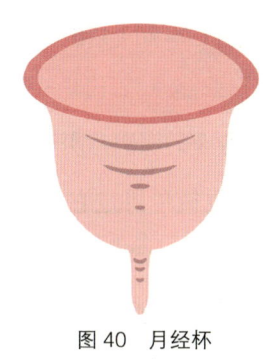

同样，咱们只需要做到简单了解和知晓就好，至于将来你要怎么选，那就由你自己决定了。

什么是白带

白带是个俗称，更加专业的叫法是阴道分泌物。

前面认识阴道的时候也简单讲过它，它是存在于阴道中的黏稠的液态分泌物，是阴道上三分之一的黏膜在雌激素的刺激下分泌的黏液（这是主要成分），混合宫颈管、子宫内膜以及输卵管腺体分泌物，并且在细胞、阴道菌群共同参与和代谢下所形成的混合物……唉，这段话非常拗口，就连我在上大学的时候学到这里，理解起来也很费劲。

但是，你们现在肯定比我理解得好，因为你们在前文中已经了解到，白带中含有原本组织就会分泌的黏液，这些都会周期波动性地产生。也就是说，绝大多数人都会有，只不过或早或晚、或多或少。

因此，如果你还没有白带，那就说明你还没有完全进入青春期。等进入青春期，白带慢慢就会产生。所以，没有也不需要担心，会有的。有了也不用担心，原本就会有。

而且还要说的是，它的样子并不是固定不变的。首先得吐槽一下，白带这个名字有时候会给大家留下错误的印象，比如大家会觉得它应该是白色带状的，对不对？书上也写白带是蛋清样或白色糊状的，无腥臭味，量少。

但事实上呢，白带并非时时刻刻都是蛋清状的。有过，但不代表以后永远是。颜色也不只是白色，有的像白色，但也不是固定的。这么说吧，其实我在临床上就没有见过跟教科书上写的一样的白带。除了大多数白带跟疾病相关外，就算正常的白带也跟书上写的不一样。

所以，关于白带的表述，你完全没必要记下来，因为咱们从来就不是按照一个模板来生活的。尤其是白带，就连你今天的白带都不一定跟明天的白带完全一样。

从量来看

白带通常会在月经前后2~3天或排卵期增多。但是，这两个时期的白带颜色也不是一样的：月经前后乳白色或鹅黄色状多一些，而排卵期则半透明状多一些，甚至有可能是前面几种状态混合在一起。因为白带会周期性地发生改变，也会受日常多种因素影响，所以量自然是不确定的。有时候，连续好几天你都会发现内裤湿了，也有时候啥也没有。这些并不能直接证明你有异常，不用担心。

从性状来看

它有可能是黏稠的，也有可能是稀薄的；有可能是拉丝的，也有可能是结块的。这跟很多因素相关，比如黏液的量，以及阴道菌群的平衡状态和日常的饮食、运动等。

有的姑娘发现有时游泳回来后，白带会变得发黄、黏稠，其实这是阴道菌群为了保护阴道环境而跟水体中的微生物对抗所导致的，那些发黄、黏稠的白带是自我保护的一种表现。有的运动会导致白带中的水分减少，白带也会浓缩、发黄，最终可能在内裤上结块，这就说明水分彻底蒸发了。

从气味来看

正常的白带味道也是相对复杂的。因为大家观察到的白带有可能还混合了汗液、尿液以及肠液的味道，在经期还有可能会混合了血液的气味。但总体来讲，在日常生活中，正常白带的气味更加接近无糖酸奶的气味，这主要是由阴道中大量乳酸杆菌的代谢产物所决定的。

这样看下来，是不是觉得白带在日常生活中可以是多种多样的？所谓正常白带，并没有一个固定不变的标准，因此医生看病时也不只看白带表现，而是更关注你的症状，即你是否有瘙痒、疼痛、红肿或者说灼热感。如果仅仅白带看着不太好，但是你一点儿症状都没有的话，那么注意清洁就可以了，不用过度处理。

总之，关注自身健康是没有问题的，但要有一定的知识储备。

什么样的白带是异常的

前面我们从多个维度讲了白带在日常情况下是怎样的，你会发现，你在成长过程中遇到的大多数情况都在正常范围内。可是，总会遇到异常的情况吧？

是的，就像我们走路有时候会摔跤一样，白带也会偶尔出现异常的情况。原因有可能是清洁不及时、不到位，有可能是使用了被污染的内裤以及卫生用品，也有可能是上完厕所后擦的方式不对，还有可能是洗澡或游泳的时候接触了不干净的水，等等。总之，有很多原因导致白带出现异常。

●症状

这个时候，你可能首先感受到的是：红肿热痛痒。

是的，最先感受到的是症状，这也是评估白带是不是异常的关键。如果完全闭上眼睛，你会感觉到下面不舒服，而且这种不舒服的感觉持续存在，不太可能通过转移注意力消失，有时候甚至会越来越严重……尤其是在痒的时候，会忍不住用手去挠，甚至有人跟我说她晚上睡觉时都会忍不住去挠，第二天醒来时发现皮肤都被挠破了。

因此，要注意几个关键点：有症状，持续存在，不断加重。

这个时候，咱们就要怀疑是白带异常了。前面我们讲过三种阴道炎，它们也都有典型的白带异常改变。

● 异常的白带

哈哈，如果现在不翻看之前的内容，我直接问你的话，你能讲出霉菌性阴道炎、细菌性阴道病以及滴虫性阴道炎这三种阴道炎的白带都有哪些异常改变吗？

总结下来就是：霉菌性阴道炎的白带呈豆腐渣状；细菌性阴道病的白带呈灰白色，伴有腥臭味；滴虫性阴道炎的白带呈黄白色，有气泡，偶尔还会混有血丝。

除此之外，有时候还会发现白带中有一些血丝，或者干脆白带就是粉色或者红褐色的。对此，很多人很担心。

其实，这是白带中混合了血液的缘故：有的是刚出的血还没混匀，就以血丝的样子出现了；有的是混匀了，白带就变成粉色了；还有的是血停留时间长了，血液的颜色变深，混匀之后白带就变成红褐色或咖啡色了……这些你们或许在以后的生活中会遇到，而且相信我，你们的妈妈也都遇到过。她们在第一次遇到时也是很慌张的，也会担心自己是不是得绝症了。

但事实上，这没有那么可怕，大多数时候就是偶尔出了点儿血。就像我们刷牙时偶尔会有牙龈出血或者淘气的小朋友抠鼻子抠出血一样，就是不知道哪里的小血管破了，流了一点点血。

白带中有血有时候是运动太剧烈导致的，也有可能是到排卵期了，还有可能是马上就要来月经了……这些都有可能让某处小血管破裂出血。只要血量没有继续增多，明显的疼痛、坠胀等不适感也没有出现，那就可以不用担心，等血管慢慢修复好，血就不流了。

你放心，咱们的人体是很强大的，自己就能保护好自己，而你需要做的就是注意每天的清洁。

下面要怎么清洗

看到这里,你估计也会纳闷儿:"我都这么大了,还能不知道怎么洗吗?"但是临床上,确实有关于清洗的一个基本方法,我分享出来,供大家参考。

● **清洗的基本方法**

其实就一句话:每晚用清水擦洗外阴,并保持外阴干燥、清洁。

哈哈,你是不是觉得这就是一句大废话?接下来,针对这句话,我们会挨个儿分析每个词的门道。

每晚

这说明每天清洗一次就好,不用太多,也不能太少。因为一天下来汗液和白带已经积累了一些,晚上睡前进行清洗是洗去这些的好时机。最好是在睡前一小时左右,这跟专家推荐的日常洗澡时间也很吻合。当然,如果夏天天热或者运动量大导致出汗比较多,或者赶上排卵期白带增多,也可以根据实际情况选择早晚各清洗一次。但是大体来讲,一天一次就足够了。

清水

这里的清水有讲究，最好是37~42℃流动的清洁水。哈哈，你肯定会说："谁清洗时会带着温度计啊？"这个温度其实就是咱们平时洗澡常用的水温，洗澡水既不能太凉，也不能太烫……简单来讲，淋浴时的水温就很合适。

擦洗

注意，这里强调的是手法和水流方向：不是冲洗，那样太刺激；不是蘸水洗，那样清洁程度不够；而是擦洗，水流从侧方流过，避免直冲，用手、专门的毛巾或者一次性的洗脸巾就着水擦洗即可，动作尽量轻柔。

擦洗的大致方向通常建议从前往后，以免把肛周的细菌带到尿道口和阴道口造成感染。同时，也建议先从中间向四周清洗，从小阴唇到大阴唇，再到阴阜、大腿根部、肛周等部位。

需要注意的是：有人受不了滑腻的感觉，追求必须洗到干涩才算干净。这样反而破坏了皮肤表面的保护屏障，因为那些表皮的油脂本身就有保护作用，大可不必将它们完全洗掉。因此，也不推荐太频繁地使用沐浴液或肥皂过度清洁。如果每天清洗的话，一周就用2~3次即可。至于洗液，后面我们会单独讲。

外阴

为什么要强调这个部位呢？原因是避免大家对着阴道里一顿猛冲。这么一冲，好不容易建立的菌群平衡就会"灰飞烟灭"……紧跟着就是各种细菌、真菌肆虐，所以在此强调洗外阴就足够了，包括大阴唇、阴阜、阴毛、会阴、肛周等区域，尤其是有褶皱的地方，很容易有一些白带残留，顺着水擦洗干净就好。

保持外阴干燥、清洁

这也不是废话，是要提醒你洗完后先不着急穿内裤，等外阴干了再穿。尤其是冬天，刚刚洗完就穿上很厚的内衣裤，这样会导致外阴处在温暖、湿润的环境中，增加感染的风险。

好了，看似一句随口说出来的话，其实是经过深思熟虑的。

● 可以盆浴或坐浴吗

不少人问过这个问题，大多是住校的孩子，她们没有条件每天淋浴，所以就想问是不是可以准备专门的小盆子进行清洗。我通常给的答复是：不是完全不可以。

因为比起完全不洗，洗洗至少还是有些帮助的。但是，这里的洗就有技巧要求了：尽量不要坐在盆里洗，否则水有可能流进阴道中，水里的细菌微生物也会进入阴道，这样无形中就破坏了原有的菌群平衡。你会发现明明每天都洗，怎么白带还是看着不对劲呢？

这是因为每天洗都会让一部分水里的细菌进入阴道，每天都要让阴道进行自洁，白带的性状自然就不太理想了。所以，建议将盆里的水撩起来洗，不完全坐进去，这样就能尽量避免水进入阴道。这样虽然确实不太方便，很容易弄得哪里都是水，而且也会比较累，但是与完全不洗相比，至少还是有清洁作用的。

当然，现在还有一些工具可以协助你们进行清洗。比如冲洗器，就是在瓶子里灌上水，通过挤压，让水从前面的软管喷出来，制造成流动水来清洗。这样虽然也是可以的，但还需要一个学习使用的过程，同样也需要避免将水冲到阴道里。

●可以使用洗液吗

不知道你们有没有听过一句"洗洗更健康"的广告词，在我小时候，这句话响遍大街小巷。其实这句话就是洗液的广告语，后来有很多研究表明，女性使用洗液不仅不会更健康，反而还会诱发更严重的炎症，有感染的风险。

所以，整体来讲是不推荐女性使用私处护理洗液的。

有人会说现在的洗液都是温和、微酸性的，对外阴和阴道环境是有保护作用的……其实，你仔细想想就能明白，外阴和阴道的微酸性是一直固定不变的吗？是不是也会存在波动呢？那么，洗液固定的 pH 是不是就无法适用于随时会变化的微酸环境呢？

这种所谓的弱酸性洗液，你们偶尔使用其实我也拦不住，但效果至少不像宣传中说的那么好，更不要说有些广告还宣传可以冲洗阴道了。无论洗液再怎么设计，也不可能为你量身定做。那么，最适合你的阴道环境就是你正常情况下的状态。洗液进去一顿冲洗，把原有的环境破坏了，常驻的菌群被冲出去了。接下来，阴道就会暴露在外界纷繁复杂的环境中。

因此，日常清洁还是推荐用中性的清水清洗外阴。不去干预，也不破坏原有的环境和酸度，把维持外阴和阴道平衡的重任交给它们自己。

有人会说，其实洗液也不是天天用，就是偶尔私处痒了，有异味了，才会用洗液，过去很多人也是这么做的。如果你和妈妈沟通的话，她或许在年轻时也用过类似的产品。但实际上，这种做法在无形中掩盖了原本的问题，或者拖延了治疗的时机，甚至有可能增高炎症复发的概率。

主要是因为问题出现后，使用较刺激的洗液确实可以止痒，但是痒的原因并没有找到，也没有解决痒的问题，那么就会反反复复地使用洗液。所以，洗液很容易让人产生用了就好、不用就痒的心理。这一方面说明痒的问题并没有得到真正解决，另一方面是洗液中的成分让外阴的皮肤变得更加敏感和脆弱，才会让瘙痒迁延不愈，从而导致生活质量降低。最终有可能出现慢性神经性皮炎，就是阴部的皮肤长年累月的瘙痒、干燥、开裂等。

原本用洗液是为了健康，结果越用越不健康。所以，当你出现持续性瘙痒的时候，还是需要及时就诊、规范治疗。

哦，对了，还有不少洗液有很多香精成分。就是洗液闻起来很香，所以不少人就会用洗液的香味来遮盖原有的味道。这样一来，就闻不到异味了。然而，异味本身是我们发现自身炎症的信号之一，如果被遮盖了，我们就没有办法及时发现。等到异味被遮盖不住时，或许炎症就已经很严重了。

最后，回到很多人使用洗液的初衷上来。绝大多数人是为了更健康，但选了不怎么健康的路。这或多或少受广告宣传的影响，也跟自己对这方面知识并不了解有关。总之，希望通过我的讲解，能让你有清晰的认知。过去，很多人了解不充分，用了也就用了，现在时代不一样了，你可以弄清楚之后，再选择是否使用。

●可以使用湿纸巾吗

很多人都问过这个问题，主要都是住校的学生，她们可能没条件每天淋浴。姑娘们外出旅游时也会遇到类似的情况，再赶上经期，需求一下就增多了。所以，对于这个问题，不光冬天清洗不方便的时候有人问，有时候夏天也会有人问。

怎么说呢，在没有良好、方便的清洗条件下，想用湿纸巾进行清洁，倒也不是完全不行。虽然目前市面上有很多湿纸巾可以供我们挑选，但是一般不建议使用含酒精或含有香精等刺激性成分的湿纸巾。原因跟前面讲的差不多，一方面，直接使用的话，体验不舒适；另一方面，这种湿纸巾也有可能会掩盖身体原本存在的问题或隐患。

很多湿纸巾还含有抑菌或杀菌成分，这是一把"双刃剑"，也是需要警惕的。虽然它确实能对外阴的菌群起到抑制或清除的作用，但是长期使用变成习惯的话，就会破坏外阴和阴道的菌群平衡，原本的常驻菌群也会被消灭。这样的话，原有的保护屏障就缺失了。

所以，湿纸巾偶尔用用是可以的——尽量选择纯水的湿纸巾。虽然用湿纸巾清洁并不能完全替代用流动清水清洁，但在没有清洁条件的情况下，暂时使用湿纸巾进行清洁总比完全不洗好一些。但等到清洗条件允许时，还是尽量用流动的清水进行清洁。

内裤发黄怎么办

偶尔有人会发来附有几张内裤照片的私信,说在网上查了一下,内裤发黄意味着身体里隐藏了什么癌症之类的疾病,把自己吓得够呛,所以想问问内裤发黄是不是真的意味着身体有啥隐患。

其实,内裤穿久了会变黄这件事情是很常见的,它并不一定意味着身体有什么妇科疾病。它就像我们的白色衬衣或者白色T恤衫,穿久了都会变黄一样。接下来,咱们就来说说具体原因。

首先,从内裤的工作环境来讲,内裤不可避免地会在日常生活中沾染上尿液和粪便。不是有一份研究表明,每条内裤都会沾染上0.1克左右的粪便吗?同时,还会有一些尿液。在这些物质的长时间浸润下,内裤发黄很正常。

其次,内裤还有可能直接接触白带以及经血。它们本身含有一些蛋白质,蛋白质跟纤维长期混合在一起,再加上清洗的过程中本身就有可能发生蛋白质氧化,于是内裤变成了黄色。而且,正常情况下的白带是偏酸性的,内裤长期在微酸性环境中,本身就会出现脱色或者化学反应,最终变黄。

最后,还要说一下,内裤覆盖的位置其实还分布着大量的汗腺。也就是说，有大量的汗液可能会被内裤吸收。这一点很像我们的衬衣或T恤衫的领子和腋下容易变黄，因为脖子和腋下容易出汗。这些汗液中本身就有大量的蛋白质，在长时间的混合浸润以及一系列化学反应之后，内裤就会出现变黄的情况。

以上是内裤变黄的一些常见原因。

如何洗内裤

经常会有姑娘来问我:"内裤最好的清洗方法是什么?"有人力求完美,尝试各种邪门儿的路子,洗完后用微波炉转五分钟,或者用大锅滑炒、用小火慢炖,又或者晴天暴晒、阴天通电……知道的是在讲洗内裤,不知道的还以为是要吃"唐僧肉"呢!

● 清洗方法

在老六研究了几百种洗内裤的方法之后,来跟大家说说到底要怎样洗内裤。

简单来讲,依据每个人的喜好,共分为手洗和机洗两种。我们先来说说手洗,共分三步。第一步:脱下内裤,建议当天脱下来当天就洗。第二步:放入40℃左右的温水中,加入适量清洁剂或消毒剂浸泡15分钟。第三步:使用流动的水进行搓洗,重点猛攻内裤裆部,必要时用肥皂增强清洁效果。

再来说说机洗,也是分为三步。第一步:把脱下的内裤放入洗衣机。第二步:在清洁剂仓内倒入清洁剂、柔顺剂以及消毒剂。第三步:将水温调至40℃,在纯棉模式下清洗。

好了,基本步骤就是这样。但是请注意,其中隐藏了几个核心小细节，接下来重点讲一下。

第一点：内裤不要积攒，当天换下来的内裤当天洗

这是生活必修课，毕竟内裤的工作环境大家也了解，上面的各种细菌微生物确实不适合堆积在一起发酵。

第二点：水温 40℃

这一点很关键，因为很多清洁剂里的活性酶成分在这个温度下才有更好的清洁作用，可以更好地将内裤上的白带、血液以及汗液等清洗干净，而且还可以保护内裤的材质和结构。

第三点：消毒剂和流动的水是消毒的双重保障

消毒剂就不说了，目前主流认为在消灭病毒微生物方面，消毒剂的作用还是很显著的。流动的水也可以带走内裤表面沾染的细菌微生物等。

至于要不要用铁锅高温煮内裤来消毒，原则上来讲确实可以，但如果你要煮的话，至少得煮 15 分钟，不然也没啥效果。

●弄干和存放方法

关于弄干也有两种方法，要么自然晾晒，要么用烘干机烘干。

至于通电……还是不要了。

最后，我们还需要简单地说一说存放的问题。其实也很简单，就是每次清洗并弄干之后，将内裤存放在干燥、通风、阴凉的地方，这主要是为了避免被污染或细菌滋生。尤其是在南方生活的姑娘，要格外注意这个问题。不然等你穿的时候，内裤就已经是"不干净"的了。刚穿没几天，你可能就会出现各种瘙痒等不适症状。

● 内裤和袜子能不能一起洗

我先把答案说出来：内裤和袜子不是必须分开洗，但这是有条件的！只有在符合下面这些条件的情况下，内裤和袜子才可以混在一起洗。

首先，你本身是健康的。脚上没有足癣，而且外阴也没有瘙痒、疼痛等不适。其次，你的内裤和袜子是每天都换的，而不是堆积如山任其发酵，滋生细菌。最后，你需要在清洗的过程中做到充分消毒，并且保证其可以得到良好的晾晒。只有满足这些条件才可以为了省水、省事把它们放在一起洗……如果做不到这些，那就别将它们混在一起洗了。

当然，很多人还有其他无法接受将它们混在一起洗的原因，比如有人担心袜子和内裤放在一起洗会导致妇科疾病。因为足癣的致病菌是真菌，霉菌性阴道炎的致病菌也是真菌，两者好像可以相互影响。这听上去好像有道理，但严格来讲，这两种真菌是不太一样的。引起足癣的真菌是红色毛癣菌，引起霉菌性阴道炎的真菌主要是白念珠菌，这两种真菌的生存环境和生长条件都不太一样，所以两者并不会相互影响。

但是，这并不代表就没有其他风险了。虽然足癣无法引起妇科疾病，但它可以引起股癣啊！股癣是一种常见的皮肤浅表真菌感染，真菌种类跟足癣的类似，有超过一半的股癣是由脚部发展而来的。

所以，你仔细想想，如果本身有足癣，还把内裤和袜子放在一起混洗，外加清洗过程中没有把消毒、杀菌工作做到位，那基本上马上就能让真菌从脚部向臀部发散，紧跟着就会出现红肿、瘙痒、脱皮、渗液等症状。

多长时间更换内裤

一般来讲，建议每天都更换干净的内裤。不太方便换洗的时候，可以考虑穿一次性内裤，比如外出旅游时可以带上一些一次性内裤，穿完就可以将它扔掉，简单、便捷又卫生。

当然，还有人问内裤穿多久就可以买新的了。

对于这个问题，我以前也科普过，当时的答案是 2~3 个月。

但是问题来了，每个人所拥有的内裤数量是不同的，有的人拥有很多内裤，轮流穿两个月下来，同一条内裤被穿到的概率可能就 2~5 次。这个时候，扔掉就显得有些浪费。但如果你只有两三条内裤，更换和清洗的频率很高，不到 2 个月内裤就已经旧了，没法穿了……事实证明，"2~3 个月"这个答案有些教条，我甚至羞愧于曾经给出过这样的答案。

因为这个答案并没有考虑到每个人的实际情况，更没有考虑到每一条内裤的布料、大家平时穿衣服的习惯，以及清洗习惯……回到研究上看，之前有一份研究指出棉质的布料正常使用和清洗 2~3 个月后会结构变形、颜色发黄，并且纤维中存在藏污纳垢的风险，尤其是靠近私密处的部位，因此建议及时更换内裤。

但问题是研究中的"正常使用"并不是每个人都那么用，而且研究主要针对的是棉质内裤。但事实上，内裤也不都是棉质的。所以，整体来看，这个问题是没有固定答案的。不过，你可以通过内裤的破损情况，以及穿着体验来判断，或者是让妈妈来判断。

下面为什么会长毛

这个问题放在现在确实算是个问题，毕竟现在阴毛已经没太大作用了，基本上处于可有可无的状态。只不过，这跟个人意愿没有太大关系，随着激素水平的升高，阴毛确实会陆陆续续长出来。

● **阴毛的作用**

阴毛既然长出来了，多少还是有些作用的。确实也有学说指出，在很久很久以前，阴毛至少有以下几个方面的作用。

第一，屏障作用

阴毛可以抵御外来细菌病毒的侵害，同时吸收、散发阴部的汗液和白带。

第二，缓冲作用

绝大多数人的阴毛都是长、卷、粗、硬的，它跟咱们的汗毛、头发、眉毛都不太一样，与我们的腋毛更类似。这是因为卷曲的毛发在缓冲和保护方面更具优势，可以很好地消减遇到的阻力和摩擦力。

第三，导流作用

这个估计很多人都想不到，由于女性尿道口较宽，所以排尿时可能会有喷溅现象，而且方向不可控，很容易尿到鞋上……而阴毛可以很好地规范尿液的流向，起到导流的作用。

第四，充当浴花

这个作用是人们慢慢发明出来的，因为有些人发现用阴毛打出来的沐浴露泡泡又均匀又绵密，所以都在那里打泡泡……这是很多姑娘告诉我的，它可以充当浴花。

但是，很显然现在再来看前三项功能是不是有必要，我们就要打个问号了。而且，阴毛或多或少会带来一些问题，比如我们平时都穿衣服，不太需要阴毛来保护外阴了。同时，它的存在反过来还增加了私处潮湿或滋生细菌的可能性。这就要求我们养成良好的卫生清洁习惯，学会正确清洗外阴，保持外阴清洁、干燥。这个知识点之前讲过了，可以复习一下。

总之，阴毛是客观存在的，但是其作用基本上已经不太重要了。至于阴毛要保留还是剃除，我们接着讲。

●阴毛可以剃除吗

严格来讲,这个问题只需要问你自己就好了。就像如果想拔掉自己一根头发,你通常不会去问医生能不能拔。虽然实际上剃除或保留阴毛,在生理层面上没太大差别,但是很多人并不是这么想的,有时候心理因素影响更大。

●阴毛长什么样是正常的

咱们要消除那些关于阴毛的猜测或隐喻,阴毛茂盛或稀疏、柔软或强韧……都是正常的,而且每个人的阴毛分布形态都不太一样,大体上呈倒三角的形态。

有不少人就是觉得看着它有些丑,或者看着它跟别人不一样,所以想剃掉。这背后的心理认知其实是很深的,有的人会在解决了阴毛的问题后,进而发现自己身体的其他地方也丑,也跟别人不一样,总想着改变自己……这样就陷入了恶性循环。

说回阴毛的问题。如果你本身有阴道炎或外阴炎的话,外阴部分就会充血且敏感,阴毛的存在无形中又增加了刺激,让人挺难受的。就算没有炎症,经期本来就不舒服,再加上阴毛的影响,湿乎乎、汗津津、滑腻腻、痒丝丝的……让人恨不得当场将阴毛拔秃了。

只不过，我说的这些并不是普遍现象，绝大多数人其实都可以跟阴毛"和谐共处"。所以，绝大多数人通常也不怎么处理阴毛，这跟不同地域、文化等有关。因此，你问我要不要剃，其实我没啥标准答案……毕竟你是最有直接感受的人。

如果你确实想剃的话，可以直接将它刮掉。但是，一旦开始就得养成习惯，不然过几天阴毛又长出来后，你就可能会体验到如坐针毡、如芒刺背、如鲠在喉的感觉……走路啊，生活啊，可能都会有影响，你可能会有很多不经意间的刺痛感或不适感。而且，刚开始上手时操作手法未必很熟练，弄不好还有可能伤害皮肤和毛囊。

当然也可以考虑用激光脱毛，这个体验相对好一些。可以去医院做，也可以尝试用家用脱毛仪……由于这个成本比较高，可能就需要认真考虑一下是不是真的有必要。而且，绝大多数时候，阴毛都只有你自己能看到，所以你自己的感受是最重要的。

其实，讲到这里我自己的专业领域的内容就讲完了，本质上这就是个自由选择的事情。如果你仔细看了前面的内容的话，就应该能理解，我前面说的是否要剃的基本判断标准是：阴毛的存在是否影响你的健康生活。

交给你自己来回答。

● 补充提问

长胡子怎么办?

首先,必须说一下,女性长胡子一点儿也不奇怪,因为人本来就会长唇毛。换句话说,甭管是男是女,在有毛囊的地方长出毛发这本来就是天经地义的事儿。虽然有些女性认为胡子对外观或多或少会有一些影响,但这跟不同时代、不同人的审美标准有关。

比如,19世纪波斯的卡扎尔公主就长得浓眉大眼,还有小胡子。当然,现代也有,比如2017年就有一位英国的女性,留有15.24厘米的胡子,打破了当时的世界纪录。

其次,就要讲讲长胡子的原理。其实有两个因素决定了胡子的长势和形态。其中一个因素是体内的雄激素水平,因为雄激素可以让毛囊变大、毛发变粗。如果女性体内的雄激素水平比较高,那么唇毛就有可能由细软、无色变成粗硬、发黑。

另一个因素就是自身对雄激素水平的敏感度。这个也是因人而异的,同等雄激素水平下,敏感的人受其影响更明显,会长出粗硬、黝黑的胡子。如果不敏感的话,那就没太大影响。

最后,再来说说如何处理。毕竟有人在意,那就要给出一些方法。虽然脱毛方法有很多,比如刮毛、拔毛、用脱毛膏……

刮毛相对还行，只要养成习惯就好，后面两种就着实会让人有些疼，弄不好还有可能让自己过敏或受伤。

当然，目前用得比较多的是激光脱毛。一般一个月到一个半月做一次，做 7~8 次后差不多就有不错的效果了。

哦，对了，最后补充一个小知识：如果身体某些部位，尤其是私处、腋窝、唇部、乳晕以及小腹上的毛发黝黑、粗硬、茂密的话，那你就要考虑是不是患有多囊卵巢综合征。必要的话，要去医院做性腺六项检查和妇科 B 超检查。看看，是不是发现很多知识点都是相关联的？

下面也会长痘痘吗

是的，长痘痘本质上就是毛囊炎。所以，我们可以认为全身凡是有毛囊的地方就有可能长痘痘。相信你或你身边的人都遇到过脸上、头上、背上、屁股上长痘痘的情况，当然，会阴处也不例外，甚至更容易长。

时常有人来咨询，说自己的外阴隔三岔五就会长痘痘，有时候一次能长出好几个，让人又疼又痒，忍不住去挠，痘痘还很容易被挠破。

这种情况往往是外阴清洁不彻底、不及时，或者长时间局部卫生环境欠佳导致的。比如，有时候穿了不透气或过紧的内衣裤，不仅会来回摩擦私处，还有可能把肛周的菌群带到会阴处。这个环境温暖、潮湿、密闭，还有细菌、汗液、白带……基本上就是长痘痘的天然优势环境。

在这样的环境里，毛囊就很容易"沦陷"，形成毛囊炎。

因此，除了要注意前面提到的清洁方法之外，还要尽量选择透气、吸汗又相对宽松的内衣裤，这样才有助于营造良好的外阴环境……如果你不知道如何挑选内衣裤，可以问问妈妈，她在选择舒适的内裤材质方面肯定要比你更有经验一些。

阴道排气是怎么回事

我经常会收到姑娘们来问阴道排气问题的私信,大家的咨询主要集中在"我还没有性生活,为什么会排气"这个问题上,另外还有"会不会有什么妇科疾病啊"等诸如此类的问题。

接下来,我给大家讲一讲具体的原因。

首先,我们需要知道阴道是一个环状肌性结构,在绝经前都会保持相对稳定的弹性和延展性。它大多数时候处于相对闭合的状态,但是因为阴道上有很多皱襞,它们并不是完全贴合的,所以彼此之间的孔隙中其实会存留一些空气,这些气体会在某个体位或者某个动作下排出来。包括倒立、做瑜伽、跑步,甚至在床上翻身,都有可能导致有气体排出。这也是为什么很多姑娘根本没有性生活,也没有各种疾病,但同样存在阴道排气的问题。

接下来,我们来说一下阴道里的气体是如何产生的。咱们先说内在原因,阴道里的部分菌群在新陈代谢的过程中会产生一些气体,这些气体积累在其中,等到合适的角度或位置就会排出来。

再来说说外在原因,就是气体在阴道前后壁没有完全贴合的状态下进入阴道内部并积累起来,再在一定的条件下排出来。最常见的原因是运动。虽然声音听起来不是很悦耳,但它确实是一个正常的现象。

总之，这归根结底就是一个空气动力学的问题。只要学了物理课，基本就能理解，而不是过去很多人想当然地认为这全是因为性生活。事实上，很多人在没有性生活之前就存在这样的情况。

为什么屁股变大了呢

估计你们也发现了,随着年龄的增长,好像屁股变宽了、大腿变粗了,有的人甚至因此觉得自卑,毕竟很多时候主流还是以瘦为美。虽然目前美慢慢变得越来越多元,但还是有不少人会有身材焦虑。而且,这种情况越来越年轻化……很多姑娘在正常发育阶段就开始对自己的身材焦虑不安。

但是,说到底我们都是人,有共同的规律要遵循。随着年龄的增长,人体内的激素水平逐渐升高到趋于稳定,脂肪会在身体的某些部位堆积。前面我们讲卵巢的时候也讲到了,雌激素发挥着很重要的作用,然而当脂肪组织形成之后又会承担起储藏雌激素的功能。

因此,脂肪本身是有很重要的作用的。我们在前面讲到过,如果女性快速减肥就有可能导致停经,就是因为雌激素的含量受到了严重的影响。

说完脂肪的功能,我们再来看看女性体内脂肪分布图(图41)。

我们会发现,深色区域都有脂肪分布,尤其是臀部、腰部、腹部和大腿周围都有很明显的脂肪堆积。这是大多数人都会有的情况,这也是健康、正常的发育状态。

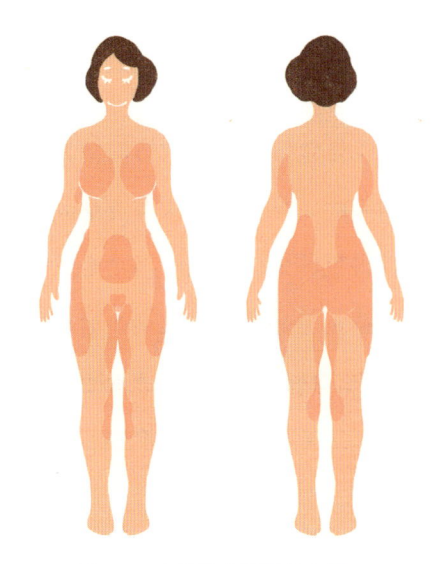

图 41　女性体内脂肪分布图

因此，我反复强调，咱们要追求的是健康和正常，而不是去迎合那些随时都在变化且由别人制定的审美标准。

放宽心，大多数女生就是会从青春期开始出现臀部变大、变宽的小变化，这再正常不过了。当然，每个人变化的程度不太一样，没什么需要比较的。

为什么会有小肚子啊

小肚子，其实就是腹部堆积了脂肪的结果。如果你仔细观察的话，无关性别和年龄，身边不少人都有小肚子。事实上，只要吃得足够多、消耗得足够少……变胖都是必然结果。虽然基础代谢跟年龄有一定关系，但是跟日常饮食、运动以及生活习惯的关系更密切。不瞒你说，我也有小肚子，哈哈。不过，我马上就要开始锻炼啦，争取在变成大肚子之前将它控制住。

有人说，小肚子是用来保护子宫的，这是真的吗？

假的。

真正能对子宫起到保护作用的是骨盆，一方面是因为子宫和卵巢就在骨盆里，另一方面是因为骨盆的结构非常稳定且强韧，其中还有复杂的肌群和韧带，可以为脏器提供很好的保护。就算出现意外，骨盆也能尽最大可能起到可靠的防护作用，算是子宫、卵巢的"保护罩"。

什么情况下要去看医生

前面讲了很多不用担心、不用去医院的情况,接下来,咱们将需要去医院的情况汇总一下。值得注意的是,这并不是让你进行自我诊断,而是从自身症状出发去观察和感受,在进行初步判断之后第一时间接受妥善的处理。

下面,我们从五个常见的方面来思考。

阴道出血

除了月经之外,阴道出血是女性出现妇科疾病后最常见的症状之一。血液有可能来自阴道、宫颈、子宫、输卵管等地方,同时出血还有可能因为一些血液类的疾病。

对于青春期的姑娘来讲,最常见的就是我们前面提到的排卵障碍性异常子宫出血,或者激素短暂波动所引起的出血。这通常跟月经周期相匹配,存在周期规律性出血,比如每到下次来月经前两周左右就会有少量出血等。

阴道出血偶尔出现一两次是不用担心的,若你连续三个月经周期都在固定的时间段出血,那就有必要去医院看看了。

还有一种阴道出血是没有周期性规律的,但也不是完全无迹可寻。比如,有些人会在剧烈运动后出血,或者在精神压力过大时出血，等等。如果这种情况频繁发生，次数超过三次以上，建议去医院看看。

异常白带

关于出现异常白带的情况，通常仅从肉眼观察是很难准确判断的，因为每个人对颜色、性状的判断都不一样。你说的黄是什么黄，你说的绿又是什么绿……这些都没有定论。

所以，咱们就来看必备条件。只要满足下面这些条件，咱们就要去医院看看了。对于自身健康多关注一些没什么坏处，但也不希望有太多焦虑情绪。

1. 白带看着异常

甭管白带是什么颜色，还是黏稠的、稀薄的、有气泡，你觉得它不正常就值得关注。

2. 存在明显异味

除了正常的偏酸气味外，白带如果有腥臭、恶臭等气味，就值得关注。

3. 存在明显不适症状

不适症状主要就是指红肿热痛痒，而且是外阴和阴道都有感觉，你自己可以真实地感觉到。

4.通过清洁无法缓解

症状持续存在并且不断加重,这说明靠自己已经解决不了了。

好了,上面四个就是你需要去医院的先决条件。很多人可能只满足了一两个,但往往去医院折腾一圈后发现身体也没啥问题,所以请务必理解这四个条件的相互关系。

下腹疼痛

下腹疼痛,俗称肚子疼。肚子里的器官有很多,仅就肚子疼来讲,情况还是非常复杂的。而且,已经明显跨领域了。所以,这里从大家的感受来讲,可分为急性下腹痛和慢性下腹痛。

急性下腹痛通常会快速发生,一疼起来就很严重,并且伴有恶心、呕吐、出汗以及体温升高的情况。这个时候就别犹豫了,不用自己分析到底是什么病因,第一时间去医院就好。因为有可能是囊肿破裂、囊肿扭转、盆腹腔炎症,还有可能是阑尾炎……这些都应该交给医生来鉴别诊断。

慢性下腹痛就是一开始隐隐地疼,或者是钝痛,甚至对自己都没什么影响,很容易被忽略。咱们还需要拿它跟月经周期来对比,如果明显每次疼痛都跟着月经周期走的话,那么它就有可能跟月经相关。比如原发性痛经,或者在排卵期排卵后有少量血液进入盆腹腔，导致腹痛（又叫排卵期疼痛）。这种情况一般会持续三四天，都是周期性出现的。而非周期性腹痛往往跟青春期女孩的妇科疾病相关性不高。如果很疼痛的话，就需要及时就诊。

外阴瘙痒

对于外阴瘙痒的情况，也是要看持续的时间以及是否伴有白带异常。如果外阴和阴道都瘙痒且伴有白带异常，那我们就要考虑前面说的阴道炎或外阴炎。如果没有白带异常，而且瘙痒只局限在外阴，那我们就要考虑外阴硬化性苔藓。除此之外，还要考虑皮肤科的相关范畴，比如过敏、神经性皮炎。

这些都需要医生来判断。

下腹部肿块

这种情况往往是女性在自己摸肚子的时候发现的。咦，这里怎么鼓鼓的、硬硬的？这个时候，就有可能是肚子里长东西了。我的一位患者就是暑假自己躺在床上摸肚子，发现自己四肢都很瘦，唯独肚子鼓鼓的。刚开始，她以为是自己胖了，就跟妈妈讲了。妈妈在第一时间带着她来医院就诊，结果发现她有卵巢囊肿。发现之后就尽快处理，等开学时，她已经正常上学了，没有受什么影响。

所以，如果你也发现有这种情况，可以跟家长讲讲，及时去医院就诊。

去看妇科疾病需要注意什么

对于小姑娘们来讲，去医院看病本身就是一件非常令人害怕和焦虑的事情。如果是去看妇科疾病，那想起来就让人很难受。所以，很多小姑娘不舒服或有某些症状都不敢跟家长讲。这其中有很多不言而喻的原因。

● 去医院之前要注意什么

随着社会的发展、人们思想的进步，大家都越来越在意自身的健康问题了。虽然过去讳疾忌医的情况有了一些改善，但光是做好心理准备是不够的，还有一些注意事项是你去医院之前就要知道的！

首先，穿衣服就很有讲究

肯定会有人说："老六，这你就管得太宽了吧？连别人穿什么衣服你都要管啊？"

其实老六也有苦衷，因为妇科门诊跟其他门诊不太一样，大多数来看病的患者都需要进行妇科检查，这就涉及要上检查床的问题。唉，对于初次去看妇科疾病的姑娘来讲，面对检查床时真的挺不知所措的。

所以，我们通常会建议患者来医院之前尽量穿宽松、方便穿脱的衣服和平底的鞋子，因为你要脱掉一边的裤子和鞋子，在检查床上躺好之后才能进行下一步检查。如果穿那种比较复杂的衣物或者高跟鞋确实不太方便。

其次，时机很有讲究

这里的时机有几层不同的意思。第一层意思就是医院下午的门诊时间通常要比上午的门诊时间更久一些，然而上午和下午的患者数量基本接近，这也就意味着医生在下午会有更多的时间跟患者进行交流，时间相对没有那么紧张。哈哈，一个小窍门送给各位。

第二层意思就是如果你刚好处在经期，那么很多检查和治疗就没有办法进行。毕竟经期进行这些操作可能会给患者带来更多感染的风险，所以医生通常会建议患者在月经结束后再来医院就诊。

第三层意思就是咱们来医院的目的就是把问题暴露出来，尽量不要隐瞒自己的疾病和问题。比如，有的患者明明是来看阴道炎的，但是偏偏要在前一天冲洗阴道来"美化"结果，这反而让医生无法发现潜在的问题。

最后，去医院的陪同人员很有讲究

一般推荐妈妈或其他女性长辈陪同，这样体验会好一些，至少在缴费、拿药、送样本时有人陪同会方便很多，以免你在本身就不舒服的情况下还要跑上跑下……她们也可以协助你跟医生沟通。当然，如果你希望自己单独跟医生沟通，也可以直接跟医生讲，医生会让家属在外面等候。

● 医生为什么要询问患者的性经历

医生问这些不是为了八卦，而是这些信息跟接下来的临床决策关系密切。我来讲讲大多数人都会遇到的三种情况。

情况一

假设你月经推迟了，或者停经一个多月了，医生要根据你之前这段时间是否有过性生活来判断你意外怀孕的可能。排除这个原因之后，就需要进一步寻找其他原因。

如果你回答"有性生活"，那么医生紧跟着会问你具体是在什么时间，有没有使用避孕措施以及使用何种避孕措施，甚至还会跟你确认避孕方式是否做到位了。

除此之外，医生如果考虑你有可能得了性传播疾病，还会问你最近的性生活情况，其目的就是想确定你当前的问题是不是由之前无保护措施或者保护不到位的性生活引起的。

情况二

如果医生发现你目前的情况需要进行阴道内的检查，这时候也会跟你沟通是否有过性生活以及性生活的具体形式，其目的就是跟你确认阴道瓣是否完整。虽然医生也可以通过检查来判断，但是通常还是会先跟你沟通一下，以明确接下来是否可以进行检查……

情况三

你躺在检查床上，接下来就要进行阴道内的检查了。医生问你有没有性生活，其实是为了评估你的承受能力。

这里有个很微妙的细节：同样是有性生活的人，有的人已经有了好几年的性生活，有的人刚刚"上路"，还是新手……你说，每个人的承受能力能一样吗？

很显然是不一样的，但这就是临床上经常有争议的地方。有些医生会觉得患者都有性生活了，就不应该矫情，检查时动作就会比较不那么照顾患者的感受，最终就会导致患者的体验很糟糕。

但是，就算已经有过很多次性生活的患者也普遍反映妇科检查的体验很糟糕。所以，从理论上讲，不管患者是不是有过性生活,其实医生都要在满足检查需求的前提下,尽量注意动作轻柔,照顾好患者的感受。

最后说几句,很多时候医患之间的小摩擦有可能是沟通不到位所导致的。有时候是医生赶时间或不耐烦,有时候是患者不敢说或想隐瞒。大家都是为了解决健康问题,不应该对立,而是应该把对方当作自己的队友,一起对抗威胁健康的疾病。你说是不是?

●假期能不能去医院

虽然这是个小问题,但是很多人都不太清楚,总觉得假期不能去医院。其实答案很明确:任何时候都可以去医院,就算是节假日,医院也会有人随时待命。如果身体不舒服,就不要自己硬扛着,有些情况硬扛着很有可能会带来额外的隐患或者让疾病发展得更严重。为了避免这样的情况发生,绝大多数医院的绝大多数科室,哪怕是在春节期间也是不放假的。而且越是在假期,越是严阵以待,丝毫不敢松懈。

总之,就一句话:若有问题,尽快就诊。

●遇到男医生怎么办

有一说一,自打我开始做科普以来,不少姑娘给我讲过她去妇科看病遇到男医生的经历。因为我以前就是妇产科医生，所以可以理解姑娘们的心情。原本看病就让人非常紧张和焦虑，若再遇到一位跟自己预想的不一样的医生，那对谁来说都是一段糟糕的体验。

每个人的接受程度都是不一样的，哪怕有时候妈妈都觉得孩子太矫情了，但确实有姑娘无法接受异性给自己看病或检查身体，甚至因此非常抗拒去看病。老六可以负责任地告诉大家：这件事情是完全可以规避的。

首先，很多医院的门诊或挂号处都会张贴医生的照片。一方面是让患者了解当前的出诊医生；另一方面是让患者知道医生的性别，尤其是妇产科，患者完全可以按照上面的照片选择自己可以接受的医生。如果是妈妈带你去看病的话，可以让妈妈帮你选择女医生。

其次，除了可以直接挂某位医生的号以外，有时候挂了普通号后会由诊室的分诊台进行分配。你可以跟分诊台的护士说，你希望由女医生来接诊。这完全是正当的需求，你可以大大方方地说出来。

最后，就算前面两种方法都没能让你避开男医生，你在推门进入诊室发现是男医生之后，也仍然可以申请退号或换号。这是完全合理和正当的诉求，你可以放心、大胆地说出来。没有关系，因为我过去也经常在诊室给患者办理退号。

不用害怕被区别对待或者给别人添麻烦，因为这本来就是可以选择的。

经常有人会说："有些人就是太矫情了，在医生眼里都是一块肉罢了，都是一样的……"

虽然这句话从某种程度上起到了一定的安慰作用，但事实上并不是这样的。因为医生与患者的关系跟其他关系不太一样，两者既是战友也是伙伴，目的是一起发现、面对和处理身体上的各种疾病或问题。

正是因为有这样一层关系，所以双方才非常需要彼此的信任和认可，这样才能一起顺利地推进下去。但凡双方有那么一点点犹疑，也会在之后的合作过程中埋下不易察觉的隐患。

归根结底就是要选择自己真正认可的医生，因为医生与患者的最终目标是一样的，那就是确保身体健康。

补充一个知识点：通常在男医生的诊室，都会要求有第三方在场，一般在场的第三方跟患者同性。所以，我过去出门诊的时候，诊室里都会有护士在场，这是医院明确规定的。当你发现现场没有第三方在场时，也可以提出自己的要求。你不要觉得不好意思，这是正当的要求，也是对自己负责的表现。

哪种妇科检查最让人难受

我知道很多人都会有这样的感受——妇科检查让人很痛苦，但是我们每个人的经历和感受都是不一样的，所以下面我会讲一些常规的检查。每讲完一种检查，都会让你依据自己的理解和体验打分。满分是十分，分数代表你认为的难受程度。

第一项：妇科常规检查

这就是需要患者脱掉一条裤腿，上检查床做的检查。医生会戴手套，依据他自己手指的粗细，将一到两根手指伸进患者的阴道中，检查患者的宫颈、子宫及其附件。通常是双合诊，医生一只手的手指在阴道中，另一只手在腹部进行触诊。重点关注有没有异常的部分，常用于检查子宫肌瘤、卵巢囊肿、盆腔包块等。必要的情况下可能还需要三合诊，就是通过额外的手指进入患者的直肠来触摸子宫后方的区域。这也是为了检查得更加清楚。

在这个过程中，比较让患者痛苦的就是医生的手指需要在患者的阴道中详细地把每一个部位都检查到位，以免造成遗漏。这很可能会给患者带来一些不适，同时因为患者不知道医生在干吗，就会造成一些尴尬和误解。患者一方面觉得焦虑，另一方面又对未知充满恐惧……在这种情况下，患者又会放大生理上的各种不适，外加有个别医生存在与患者沟通不充分以及下手比较重的情况。虽然这样做是为了检查，但会给患者带来糟糕的体验。

好了，请打分：_____。

第二项：白带常规

这项检查的主要操作过程就是用一根长棉签蘸取白带，再将白带涂抹在片子上，拿到显微镜下观察。整个取样的操作过程其实并不让人痛苦，真正让人痛苦的是取白带前的准备。这要用到一个医疗器械——阴道扩张器（图42），也就是大家说的鸭嘴钳。它需要进入阴道，并将其打开，才能够让阴道充分暴露足够的空间，方便取到合适且足量的白带。这个操作对于很多人来讲，无

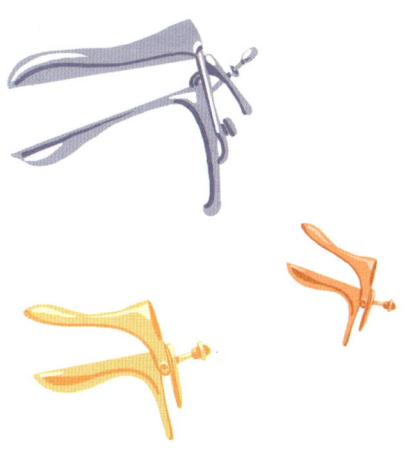

图42　不同型号的阴道扩张器

论是身体体验还是心理上的感受都是比较痛苦的。而这种紧张和痛苦进一步让阴道处于紧张状态,反而让操作更难进行。所以,很多人发私信抱怨阴道扩张器,甚至有人一想到它就会心慌。

但它确实是临床上不可或缺的一种检查工具,下面介绍的第三种检查也会用到它。不过,这里有一个小细节:阴道扩张器其实是分大、中、小号的,医生通常用的是中号。如果确实令你很痛苦的话,可以考虑跟医生沟通换小号,但前提仍然是保证检查可以顺利进行。

好了,留下你的打分:_____。

第三项:HPV 检查和 TCT 检查

实际上,这两项检查是不太一样的,但是重点检查的部位都是宫颈,所以我将它们放在一起讲。

这两项检查还是需要使用阴道扩张器,充分暴露出宫颈,然后医生分别拿两个不同的小刷子在宫颈上进行取样。一个取的是宫颈的黏液,另一个取的是宫颈上脱落的细胞。做这两种检查时并不是沾一下就好,而是都需要拿小刷子在宫颈上进行充分接触,这样才能获得足够量的样本。

比如在做 HPV 检查的时候,小刷子需要在宫颈口转十圈以上才可以。所以,除了阴道扩张器带来的痛苦,患者还要承受小刷子所带来的痛苦。就算宫颈上神经分布不多，这两项检查也会让人有些不舒服。很多做过这些检查的人还是能清晰地回想起当初的难受。所以，希望未来可以发明出更好的检查方式。

无论你做没做过，都可以先留下你的评分：＿＿＿＿。

第四项：妇科 B 超检查

严格来讲，妇科能做的 B 超检查其实有三种：一种是经腹部的，一种是经阴道的，还有一种是经直肠的。医生会依据患者的实际情况和不同的需求来选择合适的方法。

经腹部的 B 超检查需要患者憋尿。经阴道的 B 超检查需要把一个用一次性安全套包起来的 B 超探头——跟一支马克笔差不多大小，伸入阴道中，这样它能距离宫颈、子宫，包括附件更近一些，医生也能看得更加清楚。因为很多人对于这种侵入体内的检查方式或多或少有一些抗拒或者说难以接受，所以往往会有心理和身体上的双重糟糕体验。

虽然对于没有办法做腹部和阴道 B 超检查的人来说，还有另外一种操作方式，就是让 B 超探头进入直肠的检查方式，这种方式同样可以把很多疾病或者问题看得很清楚，但本身也会带来生理和心理上的不适。

好了，听完我的描述，请打分：＿＿＿＿。

好了，临床上常用的四种检查及其具体过程和目的就讲完了。当然，还有很多其他的检查，这里就不一一罗列了。最后要说一下，老六讲这些的目的，是希望当大家真正遇到这些检查的时候，可以提前做好心理准备，这样或许能让体验稍微好一些。当然，检查本身的目的是查明原因，辅助看病。同时，也希望给患者做检查的医生都可以充分地与患者沟通检查的目的，时刻关注患者的体验，患者和医生相互配合完成诊疗过程。

妇科疾病都与性生活有关吗

经常有姑娘来问我:"老六,为什么我没有性生活,也能得妇科疾病呢?所以,我特别不好意思去看病……"

确实,很多人都认为只要是妇科疾病就一定跟性生活有关,于是就会展开很多联想和猜测……其实,并不是这样的,这跟很多人平时的认知不太一样。

从疾病的种类来讲,跟性生活相关的疾病在全部妇科疾病中只占很小的一部分。比如,常见的妇科炎症、性传播疾病、急性损伤,或者个别容易在性生活过程中出现的疾病,类似大家都听到过的黄体破裂、卵巢囊肿蒂扭转等。如果咱们把范围稍微扩大一点,那就算上意外怀孕、宫外孕等,差不多就这些了。

这些虽然很常见,但确实不能代表全部的妇科疾病。而且,性生活也不是这些疾病的唯一病因。比如妇科炎症,就算没有性生活也仍然有可能发生。又如,因个人清洁不到位、错误的清洁方式,以及久坐、用药等原因导致的疾病。

除此之外,还有很多妇科疾病跟性生活是完全没有关系的,比如卵巢囊肿、子宫肌瘤、子宫肉瘤、内膜病变、子宫腺肌病、输卵管囊肿、器官发育畸形等。

其实啊，老六讲这么多，目的只有三个：

（1）就算没有性生活，也有可能得妇科疾病；

（2）不要以为有了妇科疾病，它就一定跟性生活有关，这是错误的；

（3）得病后要尽快去治疗，不要因为其他人狭隘的认知而耽误自己的病情。

你们可能会以为老六小题大做，但确实有很多年轻女性就是因为妇科疾病跟性生活之间这种暧昧不清的关系而觉得羞耻，拖着不去治疗，最终导致把小病拖成了大病。

当然，退一万步来讲，就算得的病跟性生活有关又如何？还是要踏踏实实地治疗啊。比起羞耻，健康和有质量的生活更重要。

第三章

必须学会保护自己

这部分讲的主要是大家经常会提到的性教育，只不过这样定义常常是狭隘的，因为所谓性教育不能只是讲跟性相关的内容，或者重点讲讲在与性相关的行为中如何进行自我保护就结束了……其实，这些都是很重要的，但并不是性教育的全部，所以我们前面才用了很长的篇幅去讲生理结构、器官及其功能、疾病与健康，以及生活常识等相关内容。

这些整体上都算是全面性教育的范畴，你只有对每个细节都充分理解和掌握了，遇到涉及性的部分时才能更加理性、客观地学习并形成正确的认知，也更能理解和面对自己与性的关系。同时，也更加有可能懂得保护自己。

虽然目前人们还是对性的内容几乎闭口不谈，但随着时间的推移，人们的思想观念会逐渐发生改变。就像我的很多同龄人，他们在有了自己的孩子后，开始计划在孩子的成长过程中恰当地嵌入自己曾经缺失的性教育内容，这就是很大的进步。

而且，我们越来越能理解过去很多家长的那种担心了。很多时候不是不想给孩子讲，而是家长有时候也是一知半解的，所以他们担心自己讲得不够清楚，从而带来不良后果。同时，家长不希望孩子太早接触性，所以干脆就直接"一刀切"，完全不提、不讲，等到出了问题再进行"恶补"。

这些担忧在很多家庭中都出现过，可是就目前的情况来看，普遍结果就是好奇心是拦不住的，孩子们不可能 24 小时活在家长的注视之下。只要有空当，他们就会探索各种好奇的事情，尤其是在现在各方面条件都很便捷的情况下，各种信息几乎无孔不入……所以，从这个角度来看，如果家长从一开始就接受正确的、客观的信息，孩子们或许就能很快度过好奇阶段，尽早进入懂得自己权衡利弊，并理性保护自己的阶段。

在这方面，无论是你自己，还是家长，抑或是我，都有共同的目标：保护好自己。

好了，我们接下来会对性欲与性行为、避孕与性传播疾病、人身隐私安全保护、情感与选择等方面进行讲解，希望能对大家有帮助。

性欲与性行为

● 性欲是什么

用一句话来概括，它跟我们的食欲一样，都是人类的本能之一，是在身心受到性的刺激下，所产生的一种欲望。当然，仅仅靠这句话，其实也解释不清，因为它本身是极复杂、多层次、多含义的。

它受到生物学、心理学、社会学，包括我们的文化教育背景等方面的影响，因此也有学者说，它是这些因素"共振"下的产物。同时，它也带有很明显的时代特征，代际之间的理解也存在差别，比如你现在的理解就跟比你大一些的孩子的理解不同，跟比你小一些的孩子长大后的理解也有很大差异。

哈哈，讲这么多，其实就想说一件事：虽然性是我们的本能需求，但其中掺杂了很多因素，由此产生了各式各样的解读。人们对此有各种各样的态度，其中就包含你对它的态度。但你放心，无论你是怎样的态度，它都是客观存在的。希望我们通过接下来的学习，能形成完善、客观的认知。

从生理层面来讲，性欲的产生和发展大致可以分为四个阶段。

第一个阶段是青春期前，此时大多数人没有太明显的性欲

很多孩子表示在别人开始有性欲的时候，自己的兴趣或关注点完全不在这里。这是正常的，确实存在性欲出现的先后问题。这个时候，孩子的很多行为和表现大多不是为了满足性需求。

第二个阶段是从青春期慢慢到成年这一时期，你会切身感觉到性欲逐渐增强

或许你现在就正处于这个阶段，很多人在这个阶段都能明显感觉到自己的变化。伴随着身体的发育、激素水平的提升，我们能感觉到自身的躁动，会出现一些冲动情绪。

第三个阶段是成年之后，此时性欲维持在一个相对稳定的水平

具体维持时间的长短因人而异，你的叔叔阿姨、爸爸妈妈等长辈可能大多就处在这个阶段。

虽然他们都经历过第二个阶段，但是有时候也未必能真正体会到你当下的感受。你与他们的交流，总会感觉你和他们好像不在同一个频道上。

第四个阶段是身体机能减退以及激素水平整体下滑的阶段，此时性欲也会开始下滑

有的平缓下滑，有的呈断崖式下滑，但是每个人都会经历这个下滑的过程，只不过具体在什么时候开始下滑就完全因人而异了。

整体来讲，我们绝大多数人都会经历这样一个过程。这没什么值得隐瞒的，也没什么不好说出口的，但确实不同的阶段有不同的"风景"。

咱们重点说说第二个阶段，这种从无到有的过程是很容易让成长中的女生焦虑和恐慌的，尤其是在逐渐感受到自己身上有这种欲望，而且感觉它随时都要冲进自己的大脑里，打断正在做的一切事情时……就是我所说的，拦是拦不住的，你越想控制，就越控制不住。

也许我们会因此觉得很羞耻、有罪恶感，甚至会觉得自己是肮脏的、令人讨厌的……与此同时，我们又因为控制不住性欲而开始讨厌自己，纳闷：自己怎么能这样呢？突然有些不认识自己了。

但其实，它的产生本身就意味着你的生理结构以及神经内分泌功能趋于完善和成熟。恭喜你，你正在完成迈向成年很重要的一步。

当然，我这里说的是大多数人，并不是所有人，也不是所有人都感觉那么强烈。这存在个体差异，而且在不同的人生阶段、不同的时间段、不同的状态下，这个需求的强弱也会产生波动。

有时候，性欲也跟自身的生理状态有关，比如在月经前后，包括经期，有的人会有比较强烈的欲望。这是因为此时盆腔和会阴处于充血状态，充血本身会刺激到神经，让神经变得更加敏感，然后产生强烈的需求。相信你在以后的生活中会有深切的感受……当然，你不用夸老六怎么什么都知道，因为确实有太多姑娘跟我说过这个困惑，她们在知道生理基础之后就放松了下来。

有时候，性欲还跟我们接触性的阶段有关，比如很多女生刚刚接触性，对它存在好奇、冲动，外加精力旺盛、激素水平波动，就会比较亢奋。当然，这种情况不可能常年存在，而是分阶段出现，比如在压力过大的时候会比较明显，或者在接触了一些影视、文学作品后出现。这些都是正常的，性欲慢慢会趋于稳定。

随着逐渐开始正视需求，我们就会发现，人对性欲的满足程度需求是不同的，大致可以分为两种：一种是接触的欲望，另一种是释放的欲望。有时候可能只需要拥抱、接吻，性欲就可以得到满足，但有时候则会觉得这些还不够。

如果你在这个阶段就有类似的感受，并且可以清晰地区分出不同的类型，那么祝贺你，你正在成为一位有欲望的成年人。不仅没有逃避或沉溺其中，还认真地了解自己、关注自己的感受，这是非常难能可贵的。

●性会不会让人上瘾

确实有女生埋怨自己为什么满脑子都在想这些事情，是不是上瘾了啊？

正如前面所讲，大多数人都会经历一段欲望亢进的阶段，但通常是短期阶段性的。欲望得到满足之后就会平息下来，很难长期持续存在。在临床上，所谓的性欲亢进是长期的状态，若欲望得不到满足，人就会陷入焦虑、烦躁之中，原有的生活节奏就会被打乱。在欲望得到满足后，这种状态就会消失，但很快人又会陷入新的焦虑、烦躁中。

而性成瘾则是一种更加严重的情况，其主要特征就是即使这件事情已经给自己带来了痛苦和糟糕的体验，自己仍然无法停下来，从而进一步伤害自己。这是区别于性欲亢进的地方，性欲亢进是想方设法满足自己，性成瘾是造成伤害之后自己仍然无法停下来。

以上这两种情况都需要向专业人士寻求帮助，必要时采取干预措施。尤其是如果这件事情已经对自己造成了伤害，很难靠自己来改变，这个时候，专业的治疗方案才有可能提供有效的帮助。

看到这里，我猜很多人很担心自己就有上面说的这两种情况。其实会有那么一个阶段，你越想控制，就越压抑。哪怕短时间内可以忍住，但很难长时间坚持。一旦找到机会，就有可能报复性地满足性欲，这往往会让人陷入过度焦虑和自我怀疑中。

然而，这往往是前期过度压抑和无视自己真实需求所导致的，通过调整认知就可以很快适应。

讲了这么多，其实这也是我们直面欲望的一个过程，同时也是认识自己、接受自己的过程。我们原本就要经历成为有着各种欲望、各种冲动的成年人的过程，这没什么可羞于承认的。我们身边的每个人都会经历这个过程，重要的是我们如何看待这件事情。

最后，还有一个原则很重要：我们最终都会慢慢掌握满足欲望的方式，但是要在不影响第二天正常学习、生活的前提下合理安排。同时，不伤害自己，不伤害别人，也不被别人伤害。

有没有人没有性欲？

答案：有的。

从近些年的研究来看，这类人在人群中有一定比例——比例很小，但确实存在。这类人对于性这件事情不感兴趣。简单来讲，就是他们觉得这件事没意思，不会被其吸引，总觉得有这工夫不如去学习、打游戏、旅游、吃点儿好吃的。性并不是他们的第一选择，甚至可以说他们几乎没有这方面的冲动。

之前我就遇到过一个来咨询的姑娘，她就觉得这件事不吸引她。她也知道性是怎么回事儿，但就是觉得没啥意思。后来，她去医院进行了全面检查，不仅在生理层面上，神经功能、组织结构都是正常的，在心理层面上也没有问题。

所以，在现实生活中，确实存在这样的人，有人就是对这件事不感兴趣。举个例子，有人对美食很感兴趣，但也有人对吃美食这件事不是很感兴趣，可以几个月甚至常年都吃重复的食物。倒不是说没钱去买别的吃，主要就是觉得这件事没有那么吸引自己，能果腹就可以了。

如果正在看书的你也有这样的情况，或者分不清自己到底是什么情况，不用太担心，也不用太焦虑，只要自己不痛苦，不影响正常的学习和生活，同时也不影响任何人，那就继续这样生活下去，这是没有问题的。

●性行为是什么

从定义来看，性行为就是满足我们前面提到的性欲，以及获得性快感而进行的动作和行为。它分为广义的和狭义的。

狭义的性行为就是性交，主要是指伴侣双方通过性器官进行的性行为，网络上有时候称之为"纳入式性行为"。无论它叫什么名字，这种解释方式都是很狭隘的，很难涵盖我们的很多行为。

广义的性行为泛指接吻、拥抱、爱抚、自慰等一系列由性欲驱使所产生的动作和行为，还包括一些具有象征性的、有准备的以及与性关联的行为。它所包含的范围更加宽泛，包括阅读或观看文学及影视作品，甚至恋爱也包含其中。这些都属于人类性行为的广义范畴，而且都会带有当下的社会习俗、道德规范以及法律约束的特征。性行为能够"实现"的功能包括：获得愉悦感、维护健康以及繁衍后代。

●边缘性行为是什么

这是一个很模糊的概念，如果用语言来描述就是介于性与非性之间的一系列带有性意味的动作和行为。比较典型的就是双方并不想真正发生性交，但是会有一些身体上的接触，甚至会有一些器官上的接触。

虽然并没有狭义上的实际性交行为发生，但这个过程仍然会给人带来满足感。同样，也就有可能面临一些由性行为所带来的风险和问题，这些我们在之后的内容中会重点讲到。这就意味着，我们需要高度警惕，只要进入与性相关的行为状态中，风险就是存在的。

● 什么是自慰

如果从字面来看的话，自慰其实就是"自我安慰"的意思。教科书上都没有给出标准的解释。但是通过前面的阅读，我们大致能明白，自慰就是自己动手满足自己的意思。按照美国国家卫生研究所的定义，自慰是指用手或其他物件摩擦、刺激身体，以达到性满足的方式或行为。

其实很多人都有过类似的行为，只不过很多人因为对性有羞耻感，所以很少提及这件事情。实际上，我们可能需要改变观念。这种行为其实在我们真正意识到它是羞耻的之前，就已经存在了，只不过因为很多人认为这是相对隐私的事情，而且对外展露自己性的状态这件事每个人的态度都不同，所以几乎没有人可以交流。

所以，就会产生很多猜想和焦虑情绪。

有不少人表示，当自己第一次有意识地尝试自己满足性欲的时候，就觉得自己"学坏了"，总觉得自己变成坏孩子了，进而认为这是错误的行为。然后就会把各种自慰后的身体反应都归纳总结为自慰的害处。比如，有人会说都怪自己自慰，弄得满脑子都在想这些事情，无心学习，成绩下滑……其实这个因果关系是相反的，恰恰是因为自己性欲产生之后，无法妥善面对，采用压抑和控制的方式，导致性欲长期影响自己的思绪，让自己无心学习，进而导致成绩下滑。找到机会获得报复性的满足时会存在过量的情况，这又会进一步影响第二天的学习和生活。

这就会让我们更加厌恶自慰行为。当欲望产生时，变本加厉的压制和抵抗，反而会让自己很痛苦，最终生活质量严重受影响。

这就像食欲一样，当我们很渴望某种食物的时候，我们不去吃，而是压制自己内心的渴望，控制自己的欲望。碰巧这个时候你正在学习，你觉得你还有心思学习吗？

恐怕你早就学不进去了，由于饿太久，你还可能出现低血糖。同时，一旦有机会吃想吃的东西，你又不可避免地会暴饮暴食。因此，适量、合理地安排就好。需求产生了，及时良性满足，不影响你后续的生活和学习就好。

具体方式就各有不同了，如果你跟妈妈或其他女性长辈有坦诚交流的环境的话，你会发现大家自慰的方式都不一样。有的人选择用手，有的人选择用工具，还有的人从小就保留了夹腿的习惯……总之，从数据上来看，70%~80%的女性会有自慰的行为。当然，整理这个数据的研究相对较早，可能实际数据要比研究数据更高一些，毕竟有些人是羞于承认自己会自慰的。

所以，如果你问我可不可以自慰，我会回答你，这完全由你自己决定。自然而然地发生，你选择做是没有问题的，你选择不做也是可以的。你现在选择可以，你以后选择也行……这个没有要求，也没有标准，最终以满足你自己的需求为标准。

这里需要强调的是要确保在安全、私密、清洁且愉悦的状态下发生，频次和强度以不影响第二天的学习和生活为宜。尤其要注意，无论你采用什么方式，接触身体的部分尽量保持清洁。因为在这个过程中还是有可能导致炎症感染和损伤的，而且结束之后也需要及时清洁。

有时候，家长可能会禁止你这么做，其实是觉得你自己安排不好，担心影响你的学习和健康。所以，从这个角度来讲，大家的目标是一致的，都希望你好，只是角度不同罢了。

怎么说呢，因为就算是吃饭，咱们也有可能遇到咬嘴、卡刺、呛咳、噎到的情况，但不能因噎废食，也不能失控无度。所以，吃就好好吃，注意卫生，细嚼慢咽，有条不紊，理性安排。

● 自慰后出血怎么办

最近，有姑娘问我，说每次自慰之后都很担心出血。因为之前有过一次少量出血的情况，所以每次有需求时，就很害怕出现出血的情况，于是就想问问到底是什么原因。很多姑娘确实遇到过这样的情况，接下来，我们就来具体讲讲。

第一种情况就是裂伤

通常是指阴道口或者阴道内壁有裂伤或者摩擦破裂出血这样的情况，会伴随很明显的疼痛。所以，如果你既有出血也疼痛的话，通常是这种情况。

第二种情况跟自慰有一定关系

女性在获得高潮的时候，子宫会发生不自主的收缩。这本身会刺激和挤压子宫内膜，导致局部有一点点剥脱或移位，进而导致出血。一般不疼，而且出血量很少，血液呈淡粉色，出血时间也很短。

额外说一句，有人在自慰或性生活之后，下腹部会有闷闷的胀痛感，这除了跟盆底充血有关以外，也跟子宫收缩导致局部缺血或压迫到神经有一点点关系。

第三种情况是一些疾病

有些疾病可能会导致自慰后出血。比如，宫颈上有息肉或病变。又如，子宫内膜异常增厚或发生病变。这些疾病本身的特性就是非常容易在外界的刺激下出现出血的情况，如果本身有插入性的自慰行为或者子宫收缩比较强烈，就会导致异常出血。而且，几乎每次都会出血，出血量较多，出血的时间也比以前两种情况更久一些。

这些情况通常都需要到医院做检查来诊断，尤其是在血液呈鲜红色、出血量很大，超过你平时的月经量时，需要尽快到医院就诊。

第四种情况就是碰巧发生的，比如你刚好处在排卵期

有些人在排卵期会有少量出血，碰巧这个时候你自慰了，就很容易以为出血是自慰导致的。它们本身只有先后关系，并不一定有因果关系。另外，如果你在月经前自慰有少量出血，这个也不用担心，很可能只是月经来之前的一个信号而已。

什么是性传播疾病

性传播疾病主要是指通过性行为、边缘性行为以及间接性接触传播的一类传染病，也可简单地理解为通过各种形式的性接触传播的一类疾病，主要包括尖锐湿疣、梅毒、淋病、艾滋病、生殖器衣原体感染、生殖器疱疹等。

需要注意的是，性接触是这一类疾病的主要传播途径之一，而不是唯一的传播途径。所以，从某个角度来看，就算得了其中的某一种病，也不意味着一定与性有关。比如，艾滋病也可以通过血液传播，有可能就是自己的伤口不小心接触了携带人类免疫缺陷病毒（HIV）的血液，从而导致了感染。

还有一些疾病虽然不在这类疾病的范畴内，但是广义上来讲也有可能是由性接触引起的。比如，性生活过程中清洁不到位所引起的阴道炎。我们通常不会说阴道炎也是性传播疾病，因为它还可能由其他与性无关的原因引起。又如，乙肝也可以通过性传播，但并没有被归类为性传播疾病，也是因为性接触并不是其主要的传播途径。

之所以一开始要把这些讲清楚，主要是因为大家"谈性色变"的相当一部分原因是对性传播疾病不了解，甚至将其污名化，或者担心疾病背后的隐喻。怎么说呢，作为疾病而言，同样都是疾病，不分高低贵贱，不是说得了某种病就一定是肮脏、令人不齿的。

因为对性还存在刻板的认知，所以大家就会讨厌跟性有关的一切。这无形中会让真正得病的人害怕去看病，抗拒去看病……这样往往就会延误治疗的时机，最终结果就是进一步危害健康。说得严重一些，甚至很多人的人生轨迹都会发生改变。

一直在说我们要正确面对性传播疾病，那到底怎样算正确面对呢？

从我的角度来看，就是把这类疾病跟其他疾病同等对待，没有任何特殊之处。只要有病就需要检查，需要诊断，需要治疗……只要及时发现、规范治疗，并且做好预防，很多事情就没有我们想象的那么糟糕。

性传播疾病是如何传播的

绝大多数疾病都不是凭空出现的，除非有什么意外和特殊情况。所以，我们需要弄清楚性传播疾病出现的条件，这样我们就可以在生活中有意识地避免给疾病创造这些条件。

如果我没记错的话，我们应该在生物课上学过，传染类疾病的发生至少需要三个条件：传染源、传播途径和被感染者。这三者缺一不可。

以大家可能听说过的尖锐湿疣来举例说明，它是由黏膜型HPV低危亚型（主要是HPV-6和HPV-11）感染后所引起的皮肤表面增生性疣状病变。因为疣体顶端是尖尖的，所以它被称为尖锐湿疣。

传染源

传染源一般是指已经患病的个体，患病个体的病灶以及体液中含有大量活性病毒。注意，这里的关键词是"大量""活性"。如果量极少或者病毒没有活性，那么它就很难被称为传染源。比如，那些HPV病毒离体之后，在不适合生存的地方很快就会失去活性，很难造成传播。

大家经常会担心公共马桶或公共洗衣机这些地方带有病毒，

所以就会莫名地恐慌。其实，这些地方就算有病毒也是极少量的。而且，病毒几乎无法长时间在这些地方存活，也因此无法同时满足大量且有活性的要求，所以其实问题不大。但整体来讲，这些地方就算不适合病毒生存，也不意味着就一定很干净……这是两件事，希望大家内心有自己的标准。

传播途径

尖锐湿疣的主要传播途径是性接触，其中包括直接性接触和间接性接触，前者其实就是我们说的性行为和边缘性行为，比如器官之间的接触等。为什么性接触可以成为病毒传播的途径呢？

这就需要我们先来了解两个概念：黏膜和体液。

1. 黏膜

黏膜就是口腔、眼睑、尿道、小阴唇内侧、阴道以及直肠表面那层膜样的组织。黏膜上有血管和神经，跟皮肤不太一样。或者说，它是皮肤的延展部分。因为黏膜有丰富的血管，同时也很脆弱，很容易产生细小的伤口，所以也就更加容易被病毒感染。

2. 体液

这跟医学上的体液不太一样，在这里主要是指唾液、尿液、精液、白带、血液等。这些液体本身是病毒的良好生存环境，进入其中的病毒可以长时间存活并保持一定的活性。而且，这些液体常常就附着在黏膜表面，或者说会跟黏膜有亲密接触，因此变成病毒传播的重要载体。

讲完这两个概念，我们就能明白，在性行为过程中必然会有黏膜和体液的参与，而且很容易造成细小的伤口或黏膜破裂。如果体液中本身就含有一定量有活性的病毒，那么传播就会在这个过程中发生。如果我们的眼睛有放大效果的话，或许就可以看到，在微观世界里，病毒是如何从一处传播到另一处的。

被感染者

对于尖锐湿疣来讲，被感染者主要是近期进行了无保护措施的性接触的人。这里的无保护措施主要是指没有使用安全套，导致双方的黏膜和体液进行了直接接触，没有完全隔开。

另外，还要考虑间接接触的可能，就是自己的黏膜接触到了含有大量活性病毒的体液。比如，看到一摊未知的液体，不仅没有躲开，反而用自己的黏膜去接触，这样也有可能间接感染。

而且必须说，有的病毒的传播效率很高。你想着只碰一下应该没事吧，那是你想的，病毒可不是那么想的。它可能会想只有一次机会，必须尽快感染上，这样才能找到新的环境生长、繁殖……

当然，并不是接触感染之后就一定会出现后续疾病的症状，有时候只是保持携带状态，因为这个时候被感染者自身的免疫系统会进行抵抗。也就是说，如果感染的病毒量很少，或者活性很差，那么病毒很快就会被人体的免疫系统识别出来并被清除掉。但如果被感染者本身的免疫力比较差，那么被感染者就有可能在跟病毒的战斗中败下阵来……这就会出现后面疾病的症状。就以尖锐湿疣来讲，往往都是感染者感染一段时间了，然后在免疫力低下的情况下才长出尖锐湿疣。

到这里，你大概可以理解上面说的三个条件了。而且还得说一下，我上面只讲了病毒传播的客观条件，那是因为病毒根本不管咱们人类社会那一套逻辑，它们不管你是第一次还是第几次，也不管你是好人还是坏人，也不管你学习好不好、有没有拿奖学金，更不会管你愿意不愿意……只要传播的三个条件都符合，那么感染自然就发生了。

所以，不要存侥幸心理，一定要明确规避这三个条件。

如何治疗性传播疾病

前面以尖锐湿疣为例讲了一下传播条件，接下来给大家一张表格（表3），我们来看看这几种常见的性传播疾病。

表3 常见的性传播疾病

病名	病原体	潜伏期	典型症状	检查方式	治疗	能否治愈
淋病	淋球菌	3~5天	尿道不适，脓性白带	阴道分泌物实验室检查	头孢类抗生素、氟喹诺酮类抗生素	可以治愈
非淋菌性尿道炎	衣原体、支原体	1~3周	尿道不适、白带增多	阴道分泌物实验室检查	氟喹诺酮类抗生素、大环内酯类抗生素	可以治愈
梅毒	梅毒螺旋体	2~4周	一期梅毒：硬下疳 二期梅毒：梅毒疹 三期梅毒：少见	抽血化验检查	青霉素类抗生素	可以治愈，但梅毒螺旋体颗粒凝集试验（TPPA）持久阳性
尖锐湿疣	人乳头瘤病毒（HPV）	1~8个月	疣体	醋酸白实验	激光、冷冻、灼烧、光动力疗法、外用抗病毒药物	可以治愈，容易复发
生殖器疱疹	疱疹病毒（HSV）	3~5天	水疱和溃疡	抽血化验检查	抗病毒药物	不可治愈，反复发作
艾滋病	人类免疫缺陷病毒（HIV）	1~2周	急性期：感冒症状 无症状期：无表现 艾滋病期：表现复杂	抽血化验检查	鸡尾酒疗法（药物组合）	不可治愈，有死亡风险

在这里，咱们重点说一说艾滋病，毕竟人们对艾滋病的恐惧是一直存在的。

自从我开始做科普以来，在每天 300~400 封私信中，会有 10 多封是跟艾滋病相关的，每一封私信的内容看起来都让人焦虑到揪心。注意，她们往往直指的就是对艾滋病的恐慌。

从咱们国家疾病预防控制中心的数据来看，2018 年，我国新报告艾滋病感染者是 148 589 例。这个数据每年都会有一定幅度的增长，年轻人是主要感染者，所以需要反复强调以下三点。

发生任何形式的性接触之前，请务必确认自己和对方的健康情况

如果双方中任何一个人有过其他性伴侣，那么双方最好可以提供三个月内的检查结果，包括前面提到的各种性传播疾病。不要觉得不好意思，也不要心存侥幸，更不要觉得这是心照不宣的事情，病毒并不管这些。为了双方的健康，这个环节不能跳过。

目前，唯一可以同时满足避孕及预防性传播疾病的方法就是正确使用安全套

虽然通过物理屏障的方式进行阻隔能预防感染，但也不能 100% 预防，因为安全套可以覆盖的面积很有限，暴露出来的部分存在感染病毒的可能性，因此规范使用是很关键的，至少要把接触部位的黏膜覆盖住。

如果前面两项出现了问题，请及时采取应对措施

如果前面两项出现了问题，也就是说有可能存在疑似感染艾滋病风险的情况，请务必在第一时间联系疾病预防控制中心进行咨询、检测，必要时进行阻断预防。也就是说，如果及时处理的话，是有可能阻断感染的。尤其是在被动或不知情的情况下发生性接触，仅从疾病预防的角度来说需要进行 PEP（暴露后预防）。PEP 是指在发生无保护性行为之后的 72 小时内使用药物来阻断感染的发生。当然越早用越好，最好是在 2 小时之内就用上。

最后，再给大家提供一个数据：有 80% 新诊断感染 HIV 的人并不认为自己会被感染。从这个角度来讲，我不希望大家完全不在意这件事情，因为也许对艾滋病有适当的恐惧感也是另一种自我保护的方式。但是，如果过度的话，会影响生活质量。所以，希望大家在有了一定认知基础之上做好自我保护。

感染 HPV 很可怕吗

近些年，关于 HPV 的科普宣传铺天盖地，我相信不少看到这本书的女生可能已经接种 HPV 疫苗了，因为不少地方已经免费给适龄女生接种 HPV 疫苗了。当然，从我的内心来讲，确实希望全国都可以开展这项活动。

但是，也正因为宣传太多了，所以衍生出了新问题——很多女生觉得感染 HPV 是很可怕的事情。平时有人来咨询，她们觉得自己感染 HPV 之后天都塌了……不少人想让我回答这个问题："感染 HPV 很可怕吗？"

我可以给出答案：不可怕。

下面有三个真相可以解释为什么不可怕。

第一个真相：感染 HPV 并不意味着一定高危

咱们通常所说的 HPV 就是人乳头瘤病毒，这是一类病毒的统称。它的种类有很多，目前分离出来的类别多达 150 余种。根据感染部位的不同，HPV 有不同的分组。虽然不同科室的医生都有可能提到过 HPV，但是他们说的可能并不是相同的东西。我们可以大致看一看分类（图 43）。

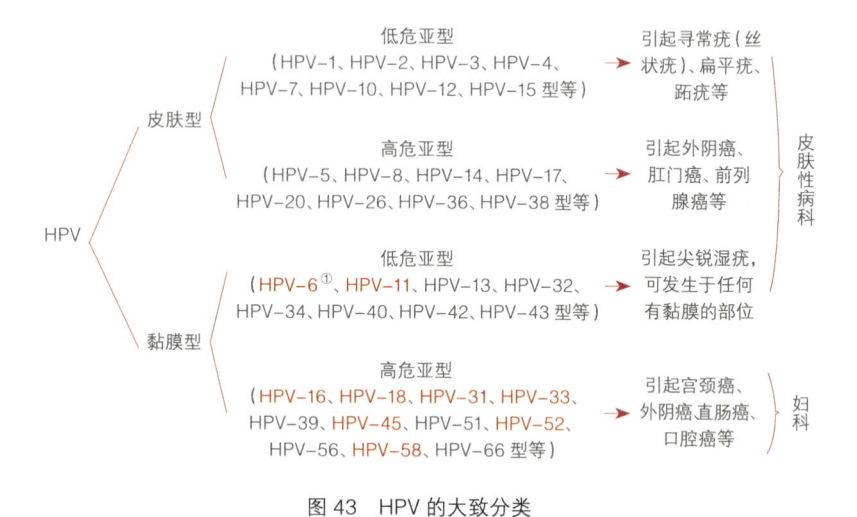

```
                    低危亚型
                  （HPV-1、HPV-2、HPV-3、HPV-4、  → 引起寻常疣(丝
         皮肤型    HPV-7、HPV-10、HPV-12、HPV-15 型等）   状疣)、扁平疣、
                                                         跖疣等                皮
                    高危亚型                                                    肤
                  （HPV-5、HPV-8、HPV-14、HPV-17、 → 引起外阴癌、               性
                   HPV-20、HPV-26、HPV-36、HPV-38 型等） 肛门癌、前列            病
HPV                                                      腺癌等                 科

                    低危亚型
                  （HPV-6①、HPV-11、HPV-13、HPV-32、 → 引起尖锐湿疣，
         黏膜型    HPV-34、HPV-40、HPV-42、HPV-43 型等） 可发生于任何
                                                         有黏膜的部位

                    高危亚型                             引起宫颈癌、           妇
                  （HPV-16、HPV-18、HPV-31、HPV-33、 → 外阴癌直肠癌、          科
                   HPV-39、HPV-45、HPV-51、HPV-52、     口腔癌等
                   HPV-56、HPV-58、HPV-66 型等）
```

图 43　HPV 的大致分类

其中，黏膜型这一类下面的低危型就是引起尖锐湿疣的病毒。我们前面举例子时也讲到过，就是 HPV-6、HPV-11。其实严格来讲，这是皮肤科的范畴。虽然我经常讲到，但真正需要治疗的时候，你还是要去皮肤科。

最下边的这部分才是咱们妇产科讲的 HPV，按照分类应该是黏膜型 HPV 中的高危型。哈哈，这很像我们学生物时，界门纲目科属种那种分类方式。你肯定想问，它们为啥是高危型呢？

其实，当初研究人员就是依据这个病毒引起宫颈病变或宫颈

---

① 红色标记的型别是目前 HPV 疫苗可以覆盖的型别。

癌的风险程度进行划分的。类似 HPV-16、HPV-18 都是高危型，像 HPV-6 或 HPV-11 虽然会引起尖锐湿疣，但通常不会引起宫颈癌，所以就属于低危型。不过，在大家眼里，恐怕哪个都是挺危险的。

但是你看，左边还有很多种类的 HPV 都是皮肤型的。那些会引起扁平疣、寻常疣之类的，咱们很多人都会遇到。所以，如果你是真的害怕，至少要先弄清楚到底在害怕哪个，不然就很容易自己吓唬自己。

第二个真相：感染高危型 HPV 并不意味着你得了性传播疾病

严格来讲，"感染 HPV"只能算是一种状态。目前，全球有 8 亿左右的人感染了 HPV。事实上，每个女性一生中有 80% 的概率感染 HPV。喏，你看，虽然人这一生中大概率会感染一到两种 HPV，但并不是所有人都得病了，大多数人只是保持在感染的状态。

但是话说回来，之所以这么多人感染，主要是因为 HPV 的传播效率很高，稍微接触一下就有可能感染。

HPV 的传播途径分为直接性接触传播和间接性传播，其中前者为主要的传播途径。因此，我要再次强调，尽量避免无保护的性行为，因为性传播是 HPV 最主要的传播途径。

第三个真相：感染 HPV 之后并不意味着身体任其宰割

咱们人体可不是"吃素"的，不可能眼睁睁地看着病毒就这样伤害身体。这里有一个"自身防御"的概念。简单来讲，就是 70%~80% 的人在感染高危型 HPV 之后的一两年里就转阴了，而且是在什么都不用做的情况下就实现转阴的。你肯定会说："那是不是可以用点儿药让它尽快转阴？不然总是阳性，看着也害怕啊！"

可能要让你失望了，目前还没有治疗高危型 HPV 感染的特效药。因为 HPV 离体之后无法存活，所以就很难做体外实验。这意味着与此相关的药物研究都没法做。当然，这也就是说，如果有人向你推荐治疗 HPV 感染的特效药，甭管他说得多天花乱坠，大概率都是要你交"智商税"。不管你有没有用药，最终都可能转阴。

妇产科领域的泰斗郎景和院士曾经表示，有些女性用过这些药物后，就没有那么紧张了。一旦心情放松、免疫力提高，病毒就容易被清除，但这未必是药物的作用。虽然这些药物在生理层面上可能没啥效果，但是心理效果是存在的。

然而，我们把话说开了，心理效果可以自己给自己，并不一定需要借助那些药物。

感染了 HPV，还能正常生活吗

完全可以正常生活。如果不是去检查，你可能都不知道自己感染了 HPV，还不是在好好地生活嘛。就算查出来感染了 HPV，也还是可以正常生活的，只不过，可能需要注意的是在接下来的日子里要保护好自己，避免重复或多次感染。与此同时，如果有条件的话，可以去接种 HPV 疫苗。虽然感染过 HPV，但还是可以接种 HPV 疫苗的，并且接种之后 HPV 疫苗对我们仍然有保护作用。

除此之外，我能想到的影响 HPV 感染者正常生活的是——心理因素。这多半是因为感染者对 HPV 不了解，进而盲目恐惧。反过来，如果我们保持身心健康，也可以帮助身体清除病毒。

为什么要接种HPV疫苗

虽然前面讲了HPV和宫颈癌,但是我发现不少人其实不太理解这两者之间的关系,进而对HPV检查、TCT检查、活体组织检查(简称活检)以及HPV疫苗的意义表示怀疑。

简单来讲,如果我们把宫颈病变或宫颈癌比喻成列车,在健康情况下,列车会一直停在站里。如果可以一直保持健康,那么列车就能始终在站里停着,安安稳稳。

那么,启动列车的钥匙是什么呢?

是的,没错,就是那些高危型HPV,它们就是钥匙。其中HPV-16和HPV-18是最有可能启动列车的两把钥匙(占90%左右),很少一部分是由其他钥匙启动的。

当列车启动之后,也就是说HPV已经造成了病变的发生,后续疾病的发展基本就跟钥匙没啥关系了。哪怕你现在拔掉钥匙,车也还会继续开下去。

值得关注的是,咱们的列车并不是插上钥匙就立马能启动的,需要长期持续反复尝试才有可能启动。然而大多数时候,在尝试的过程中,差不多一两年后,钥匙就把自己磨没了(占70%~80%)。绝大多数时候,钥匙都磨没了,列车也没启动。

所以,就算体内有这些钥匙,也未必真能启动列车。我们做

HPV 检查、TCT 检查的目的就是要确认体内有没有这些钥匙,有的话是哪些钥匙,以及确认列车启动没有。如果列车已经启动了,就还要确认它到哪一站了。但就像用望远镜看,有时候通过 TCT 看得不准,所以要亲自到那个站点去看列车有没有到站,这就需要做活检来明确了。有时候,为了提前预防,只要发现有 HPV-16 和 HPV-18 这两把钥匙,就有必要做活检。

整条线路上有这样几站:健康—低级别鳞状上皮内病变(LSIL)或Ⅰ级宫颈上皮内瘤变(CINⅠ)—高级别鳞状上皮内病变(HSIL)或Ⅱ、Ⅲ级宫颈上皮内瘤变(CINⅡ、CINⅢ)—宫颈癌。

一般就算列车到了第二站也不用慌,还有 70%~80% 的概率列车自己就掉转车头开回来了。如果过了第二站才发现,那基本上就只能强制紧急刹车(做手术)了。但只要列车还在,就要始终监控,避免列车重新启动。

那么问题来了,HPV 疫苗是怎么发挥作用的?

它的作用是在一开始就把那些空着的钥匙孔占上、堵上,等 HPV 来的时候发现,欸,钥匙孔都已经堵上了,别说启动列车了,连进都进不去。这样就在很大程度上避免了列车的启动,从而让列车一直不出站,始终停在"健康"这一站。

到这里，你肯定会问："那到底要接种哪种HPV疫苗呢？"

其实从我的专业来看，比起具体接种哪种疫苗，我们更要在意的应该是尽早接种。能接种哪种就接种哪种，最基本的原则是至少先把HPV-16和HPV-18这两个钥匙孔占上。至于其他的钥匙孔，等以后有条件了再补接种也是可以的。

但是，就算有了疫苗，你在将来有了性生活之后，也还是需要定期做HPV检查和TCT检查的，以确保列车始终停在"健康"这一站。为了宫颈健康，我们层层保护、道道把关，就是希望能如世界卫生组织期待的那样，最终将宫颈癌消除。

确实，宫颈癌是最有可能被消除的癌症之一。

HPV 疫苗真的有用吗

对这件事情好奇的人不止你一个，包括我在内的很多专业人员对此也很关心，因为毕竟 HPV 疫苗是新产物，大家都在期待数据的反馈。

2020 年，《新英格兰医学杂志》上发表了一篇关于 HPV 疫苗效用的研究。这份研究用数据证实了接种 HPV 疫苗确实可以真正预防宫颈癌。

这项研究中的核心数据如下。

（1）在 2006 年到 2017 年这十几年内，研究人员针对瑞典全国 167 万名年龄在 10～30 岁的女性进行了分组对照研究。其中接种了 HPV 疫苗的 50 万名女性中有 19 人被确诊出宫颈癌，而对照组中有 538 人。接种了 HPV 疫苗后，女性浸润性宫颈癌的发病风险降低了 63%。

（2）这项研究对接种年龄进行了细分，其中 10～17 岁女性接种 HPV 疫苗之后的宫颈癌发病风险较未接种的同龄人降低了 88%。虽然 17～30 岁的女性接种疫苗之后的宫颈癌发病风险也会降低，但相较而言没降那么多，降低了 53%。而且值得指出的是，前面提到的 50 万名接种疫苗的女性中有 83% 左右是在 17 岁之前接种的。

综上，这项研究证实了 HPV 疫苗接种的意义，而且越早接种，效果越好……这当然跟当地的卫生政策、宣传力度以及受众接受度等密切相关。

2021 年底，我看到《柳叶刀》上发表了一篇关于 HPV 疫苗的研究。这应该算是到目前为止研究规模最大、时间最久的一项关于 HPV 疫苗的研究了。它汇总了从 2006 年 1 月 1 日到 2019 年 6 月 30 日（2006 年世界第一支 HPV 二价疫苗问世）这 13 年里英国 20～64 岁女性的情况，得到的结论是，对比于没有接种 HPV 疫苗的人：

（1）在 12～13 岁时接种疫苗的人，宫颈癌发病率降低了 87%，宫颈病变发病率降低了 97%；

（2）在 14～16 岁时接种疫苗的人，宫颈癌发病率降低了 62%，宫颈病变发病率降低了 75%；

（3）在 16～18 岁时接种疫苗的人，宫颈癌发病率降低了 34%，宫颈病变发病率降低了 39%。

英国在 2008 年开启了 HPV 疫苗接种计划，给 12～13 岁的女孩进行 HPV 二价疫苗接种。这就意味着，1995 年以后出生的英国女孩（如果接种了疫苗的话）基本上就不会得宫颈癌了。虽然距离完全消除宫颈癌还有一定的距离，但接种 HPV 疫苗的确还是非常有意义的。

其他国家也有很多数据证明，HPV疫苗在降低宫颈病变以及宫颈癌发病率方面的效果正在逐渐显现。当然，还得说一下，虽然有些国家是免费接种的，但也未能达到90%的接种率（世界卫生组织的目标是让90%的女孩在15岁时完全接种HPV疫苗）……这说明，还是有很大的努力空间的。

总之，从我上学那会儿知道有HPV疫苗的存在开始，直到现在这十几年里，我一直在学习和关注这方面的信息。不知道大家是什么感受，但对我来讲，有一种在自己所学专业见到曙光的感觉。

常用的避孕方法有哪些

历史上有过很多避孕方式，不过现在年轻女性用得比较多的是安全套、短效避孕药、皮下埋植避孕剂（简称皮埋）等方式。从原理上来讲，安全套是物理屏障方式，而后面两种是通过药物方式来抑制排卵，从而达到避孕的效果。

除此之外，还有很多其他的避孕方法，甚至有一些都算不上避孕方法……总之，没有最完美的避孕方法，它们在成功率上都不可能达到100%，也不可能满足所有人的需求。所以，接下来我会介绍几种常用的避孕方法供大家选择。

虽然现在你们可能还用不到，但将来或许会需要，到时候再找恐怕就来不及了，所以不妨现在就把这些知识储备起来。有些避孕方法的成功率跟具体使用方法和选择有着密切的关系。比如，大家比较熟悉的安全套，它的成功率有很大的波动范围，是85%~98%。这种波动为什么会产生呢？

其实很简单，因为安全套涉及选择以及具体操作。但凡涉及个人选择和操作的事情，尤其是有好几个步骤，还需要双方配合的，基本上都会受人为因素的影响，最终导致避孕失败率升高。

●安全套

前面在讲性传播疾病的时候就提到了安全套,因为戴安全套确实是目前唯一可以兼顾避孕和预防性传播疾病的方式,所以我们必须把它重点说一说。

先从态度来讲,这是很重要的。并不一定要买多贵的,而是尽量买质量可靠的产品,毕竟出了问题最终都是由姑娘来承担生理和心理上的伤害。在保护自己的事情上没有必要扭扭捏捏或者不好意思,相反,你应该为你更加知道如何保护自己免受伤害而自豪。

接下来说一说选购时需要关注的四个重要信息:大小、厚度、材质和日期。

大小

就是尺寸。咱们国家的超市、便利店、药店销售的大多数都是中号的……有些地方也会有小号的,但很少有大号的。选择合适的就好,小了容易破,大了容易脱落。

厚度

就是咱们看到的 0.01、0.03 那些规格。厚度往往与风险并存,越薄就越容易破,所以也不建议盲目追求薄。

材质

一般都是乳胶材质的。如果有人对乳胶材质过敏,那还可以选择聚氨酯材质的,这样就不能因为过敏而拒绝使用了。

日期

就是保质期的意思。过期的安全套很容易破裂,这样就失去了保护作用。同时,里面的润滑成分也有可能过期,最终不仅安全套容易破,体验也不好。

● 短效避孕药

很多人是分不清楚短效避孕药和紧急避孕药的,虽然从名字来看两者好像差不多。其实,两者存在本质上的差别。但是,由于认识不清,人们经常把它们混为一谈,导致很多姑娘都觉得短效避孕药对身体的伤害很大,因为紧急避孕药的风评一直不好。

简单来说,紧急避孕药是通过短时间内大量摄入雌激素、孕激素来抑制排卵的。一般作为常规避孕措施失败后的补救措施,所以有"紧急"两字。通常不将它作为常规避孕方式,原因有二:一是大量摄入激素会影响身体的正常激素水平;二是成功率不高，受到服用时间、药物吸收情况、排卵状态等因素的影响。也许你吃的时候就已经排卵了，拦也拦不住了。

而短效避孕药的"短效"是指每天都需要吃，一粒药物只有一天的作用，因为药物中含有非常少量的雌激素、孕激素，相比于紧急避孕药那差得不是一星半点儿，所以激素对身体的影响很小。而且，这样摄入低剂量的激素不仅可以相对温和、稳定地抑制排卵，同时还具有调整月经周期、稳定子宫内膜、调节激素水平的作用。所以，短效避孕药除了推荐给双方关系固定，而且都健康的伴侣以避孕之外，在临床上也用于治疗月经紊乱、异常出血、经前综合征、多囊卵巢综合征、痤疮等问题。

短效避孕药和紧急避孕药是两种完全不同的药物，用途、用法和具体的成分都有明显差别。

●皮埋

具体操作方式是专业医护人员将一根火柴大小的、带有孕激素的小棍植入女性上臂内侧。这样它就可以时时刻刻缓慢地释放孕激素了。由于孕激素持续释放，身体就会始终误以为自己处于怀孕状态，从而达到抑制卵巢排卵的目的。它类似于短效避孕药，只不过不用口服，也不用算日子，由小棍 24 小时不间断释放孕激素。

你可以说"不"

如果前面我们讲的还算是跟身体健康相关的知识，那么从这里开始，我们将试探性地探讨我们跟这个社会之间的关系。是的，很多情况变得复杂起来了。也就是说，你可能面临很多没有人看到，也没有人监督，甚至你都不知道要跟谁说的情况。这些时候，需要你自己进行选择和判断。而在这之前，我必须反复提醒：你可以说"不"。

是的，在现实生活中有很多你明明想拒绝，却因为各种原因无法说"不"的情况。而那些原因其实并不成立，或者说无论是什么原因，当那个原因无法让你表达出真实的意愿时，都是存在问题的。

接下来，我们就来好好探讨一下，希望你能在任何想拒绝的时候，都能明确而笃定地说出"不"。

● 谁可以接触你的身体

一直以来，父母都在教我们，不能让陌生人接触我们的身体，尤其是我们内衣裤覆盖的地方，必须在第一时间拒绝。确实，这起到了一些保护作用。但是，一份数据又让我们不寒而栗：做出侵犯和猥亵行为的人中有相当一部分是亲近和熟悉的人。

这里就有一个矛盾点，我们其实很难理解为什么跟我们亲近的人会做出这样的事情，尤其是那些跟父母的关系很好，甚至很多时候都是彬彬有礼的人。作为孩子的你们会很困惑，很多孩子都会觉得那些人是好人，他们却对自己做出了明显是错误的事情，这样复杂的事情对你们来说可能是很难处理和应对的。

这是因为从一开始粗暴地区分陌生人和熟悉的人、好人和坏人的做法就是有问题的，看似简单处理了复杂的问题，却只是把复杂的问题藏得更深了。我收到过无数私信，她们说自己的家族长辈、老师、父母的挚友等对她们做出这些行为时，她们是迷茫的，不知道要如何处理，更不知道要怎么面对。

甚至很多姑娘觉得是自己错了，而且即使过去很多年，一想起当时的一幕幕，她们仍然会难受、自责和愧疚。这就说明，一定是哪里出了问题。

那么，回到这个问题来：谁可以接触你的身体？

注意，我这里说的是整个身体，我们不用区分有内衣裤覆盖的地方还是内衣裤没有覆盖的地方，因为我们对自己的整个身体都有决定权（在不伤害自己的情况下）。比如，有个人莫名其妙地碰触你的牙齿，或者脖子，或者腰……这也是奇怪的吧？哪怕对方是你认识的人，你也会觉得很奇怪，对吗？

事实上，感到奇怪是正常的，因为对方并没有经过你的允许，这样的行为从一开始你就要拒绝。并不是只有触碰内衣裤覆盖的地方才需要征得你同意，而是要接触你身体的任何部位都需要征得你的同意。只不过，有时候我们忽略了这件事情，而恰恰是这份忽略，让那些人有机可乘。

从这个角度来讲，我们可以明白，谁都不可以在没征得你同意的情况下接触你的身体。无论是父母、朋友，还是其他任何人，不管是什么性别、什么年龄，也不管是在什么场合、什么处境……都是不允许的。

你肯定会问："难道我的父母想接触我也不可以吗？"

可以的。只不过，我们应该跟父母建立一个允许和被允许的机制。你可能会觉得，跟父母这样会不会很见外啊？哪怕只是拉拉手，也需要先打"申请报告"，然后才可以拉手吗？

哈哈，也不是这样的，因为感情到一定程度后双方会处于某种默许的状态。就是我们默许父母接触我们，而无须随时随地"打报告"，所以这是在你们双方都尊重这个基础之上才可以实现的。也就是说，就算是你的父母，你不想拉手的时候，也可以拒绝。而且，父母也知道你可以拒绝，并且尊重你的选择，让你在想拒绝的时候可以更加明确、清晰地表达出来。

还有人会问:"要是医生给我检查身体呢?这也不可以吗?"

事实上,学医的时候,我上的很重要的一课就是跟患者沟通,并且要在征得患者同意之后才能进行检查,否则就是违规操作。医生在给你检查身体前也会说:"接下来,咱们可能要进行一项检查,其间有可能会涉及你的私密部位。如果你觉得不可以,随时可以跟我说,我们及时停下来。"

喏,你看,在理想状态下,事情就应该是这样的。只不过因为没有这个机制,很多人就忽略了。所以,我们要从现在开始建立这个机制。

这样也就意味着,对于任何一个人,我们都更加有底气去拒绝。不管对方是谁,也不管他接触的是哪里,我们都可以有足够的理由去拒绝。只有这样才能真正保护好自己的身体,因为我们就是自己身体的主人。

这是个建立"边界"的过程,我们不应该在自己的身体上划分出不同的界线——哪里可以接触,哪里不可以接触。这势必会让属于我们自己的一部分变得公开,这是不行的,因为真正的边界是我们跟所有人之间的边界。这个边界一定不是划在我们自己身上的,而是建立在我们自我保护意识之上的。

希望我们从现在开始就能披上一层保护罩,任何接触到保护罩的行为,都需要征得我们的许可。只要你觉得不合适,就可以大大方方地拒绝，让那些行为从那一刻就停止。

●可以拍私密照片吗

我曾经收到过一位姑娘的私信，其大致意思是她和恋人是异地恋，对方希望她拍一些私密处的照片发给他。姑娘隐约觉得有些不对劲，想拒绝，可又觉得既然是伴侣就应该为对方做这些事情，认为拒绝有可能会伤害这段感情，所以想问问我要不要拍那种照片。

这个问题还挺有代表性的。很多姑娘可能都有过类似的经历，比如两个人在一起的时候拍一些裸露的照片或者视频等。如果去掉各种具体因素，把这类问题简化、提炼出来之后就是：要不要把自己的隐私暴露给其他人？

这么多人有这样的问题，并且专门来问我，就说明一定有一些原因让大家无法直接拒绝。因为如果是显而易见的错误，我们无须请教别人就能独立判断了，比如有人说 1+1=3，你不用来问我，就知道这是错的。

所以，我们不妨来说一说，如果你真的给对方发了私密照片，那么私密照片最终会出现在哪里……

最理想的状态是对方看完后就将照片删除，并且把跟照片相关的缓存文件也删除。也就是说，从数据上让这些照片彻底消失。而且，还要确保对方没有复制，没有私自在其他地方备份，包括云端也没有自动同步……估计看到这里，你会觉得，嗯，我相信对方的为人。"嗖"的一下，照片就发过去了。

但是，对方看完之后，因为其他事情忘了删除，或者没有删干净，甚至为了以后还能时不时地拿出来看看，就将照片保存在手机上，但是跟你说已经删掉了，你因为相信对方而没有去检查。

这个时候，照片被保留下来了。接下来，你就有可能面临这些情况：对方的手机丢了，照片泄露；对方的手机相册无意间被别人看到了，照片泄露；对方把照片发到网络上，照片泄露……

除此之外，对方可能只要这一次照片就满足了吗？

对方有可能满足，也有可能不满足。你答应了一次，对方下次可能就会要求你拍别的地方。那么问题来了：如果说之前那次只拍了局部，这次对方要求拍全身呢？下一次如果要求露脸呢？

你这样一次次妥协，就有可能把自己越来越多的私密信息暴露出去。之后，你就感觉到危险，想拒绝。然而对方通过过去一次次试探早就认为你的拒绝没有力量，甚至会觉得你是在欲拒还迎。这让你的拒绝变得比之前更加艰难。

与此同时，对方如果得不到满足，则有可能用已经有的照片威胁你，强迫你去做那些你早就想拒绝的事情。你突然发现你不认识对方了，你会发现好像对方没有那么值得你信任了。他之前取得你的信任可能都只是为了让你更加心甘情愿地去做那些事情，或者只是为了让你无法拒绝对方提出的请求。

如果你进一步拒绝，你的照片则有可能出现在亲朋好友的群里，出现在一些网站上，出现在各种你不希望出现的地方……当然，这明显已经涉及犯罪了。严格来讲，你可以通过报警来保护自己的隐私不被泄露。

事实上，虽然这是在这个时候最合适的做法，但在真正面临这一系列事情的时候，很少有人可以保持思路清晰、决策果敢，大多会陷入两难的境地：一方面是自己信任的人变得面目狰狞，另一方面是觉得自己孤立无援。

我在这里大可以说，你可以找你的父母啊，他们一定是站在你这边的。但事实上，这句话在很多人看来是正确却无用的废话，因为大多数人会害怕父母在这个时候责怪自己或认定是自己的错，因此实在没办法也不敢跟父母说，宁愿选择在网上跟我说。

当你在寻求帮助时，那些可以给你提供帮助的人却在一味地责怪你，你还会向那些人求助吗？

我想不会。建议你向你信得过的亲人、朋友求助，但前提是这些人真的能帮助你摆脱困境。哪怕事后你再复盘这件事情，再吸取经验和教训，当务之急就是摆脱困境，切断糟糕的亲密关系。

如果这部分内容让你的父母看到了，或许也能给他们一些灵感，让他们反思一下：为什么孩子遇到问题之后不是在第一时间向父母寻求帮助？一定是遇到了什么阻力让本应该通畅的沟通变得异常艰难。

当然，你本可以不用面临这些问题。那就是在一开始的时候就拒绝，尤其是在你无法预判和承担各种结果的时候拒绝——明确且笃定地拒绝。

不用害怕因此会失去那段感情，你要相信，如果一段感情需要让你不断去做你不想做的事情才能维系，那说明这段感情本身就不值得维系。长期下去，你会讨厌这段感情里的自己。

● 遇到性骚扰怎么办

类似事件发生的频次算是比较高了，并不是想象中的少见或稀发，而且也没有离我们很远。当女性面临这样的情况时，并不很明确自己正在经历什么，所以可能会犹豫或者迟疑。

比如，有时候会在公共交通工具上遇到"咸猪手"，还有时候可能会在网络上收到一些不雅的照片或留言,甚至可能有生活中我们认识的人对我们进行身体和语言上的骚扰……相信很多姑娘或多或少都遇到过。

这恰恰也是我必须做这方面内容的初衷。姑娘们需要在一开始就知道某些人的行为涉及违法犯罪,而不要去想自己是不是太敏感、太矫情了,或者是不是自己的错。

很多时候,社会规训我们要先从自己身上找原因,甚至当我们是受害者的时候,还要我们想是不是自己哪里做错了……其实大可不必,这里有几个关于性骚扰的真相需要我们弄清楚。

无论是在网络上,还是在现实生活中,作恶的人总会在权衡风险和代价之后才做出伤害别人的行为。不存在什么控制不住的情况,作恶的人总是"运筹帷幄",赌受害者不会说出来。因此,我们要非常明确地指出这些行为,并且严厉地拒绝。有人说这样的行为会不会给自己惹麻烦,或者让自己受到更大的伤害呢?

事实上,从很多实际情况来看,作恶的人往往选择那些看起来很柔弱、老实的人下手,因为他们觉得对方好拿捏。当他们发现对方反抗很激烈,事情很容易败露时,很快就会放弃作恶。所以,遇到这种情况时,我们要说出来,必要时还要报警。

我们很难也不应该完全无条件地相信任何人,因为人是复杂的、多面的，所以通常需要更加关注具体个人做出的行为和传递的信息，其背后的逻辑和意图是你是否可以相信他的理由。如果别人对一个人的评价跟这个人的实际行为存在明显偏差，那么不要犹豫，只要那些行为伤害到你了，你就应该指出来！

很多受害者面对性骚扰时是困惑和迷茫的，因为作恶的人往往不会直接说出自己真实的目的，而是反复试探。这会让受害者很迷茫，不知道如何判断，会担心是不是自己反应过度，或者太敏感……其实，可以不用担心这些，而是以自己的感受为标准。只要你觉得不舒服了，那就是有问题的，你就可以及时制止或远离。尽可能保护好自己，不用参照别人的标准。

无论何时，只要你觉得自己被性骚扰了，就应该表达出来。如果无法界定，也可以考虑报警，让更专业的人来处理。

被强迫发生性行为之后，该怎么办

严格来讲，这不完全是我的专业范畴，因为这既涉及性传播疾病、意外怀孕、器官损伤等健康问题，也涉及法律以及司法鉴定的问题。

我没有真正参与过司法鉴定的工作，印象中只有一次在急诊轮转时遇到打架斗殴的伤者来做伤情鉴定，那也是老师带着我们实习医生去做的。虽然我在这类事情上并没有太多经验，但是我认识几位警察老师，可以大致说一说我了解的一些情况，也算是给大家提供一些参考。

我从警察老师那里听到的情况是这类事情在现实生活中还是比较常见的。但是，除了一些证据确凿、诉讼顺利的案件外，其实还有很多是遇到种种困难，最终没有结果的情况。最关键的就是取证这个环节。所以，警察老师特别跟我强调，如果将来我有机会去跟大家科普，就一定要把取证的几个关键点分享出去。

（1）在保证自己安全的情况下，第一时间报警。

（2）完成警察的询问后，就要去指定的机构完成取证，或者由警方派指定人员来取证。可以作为证据的包括阴道分泌物、血液、伤口、贴身衣物、床单被罩、擦拭纸巾等。尤其应注意，不要洗澡，不要冲洗阴道，不要洗当时穿的衣服。一定要尽快去完成取证，因为随着时间的推移，证据会逐步消失。很多案件就是因为证据不足而不了了之。

（3）取证完成后，还需要考虑意外怀孕和性传播疾病的发生风险，必要的话需要服用紧急避孕药以及 HIV 阻断药物等。

还有一点需要说明，大多数施害者是有预谋的（超过 80%），较少有临时起意的情况。尤其是在需要饮酒的场合，施害者很有可能会蓄意给受害者灌酒，而且可能还存在拍照威胁等情况。

最后，关于这个问题我们还需要考虑二次伤害或者多次伤害的问题。报警本身就意味着要把很多事情一遍一遍地讲出来，而且要事无巨细地讲。特别是在没有目击者、证据也不充分的时候，就需要受害者把当时的所有事情都讲出来，不能漏掉任何一个细节。

虽然这在受害者看来是很痛苦的，甚至会觉得被冒犯，警察也表示可以理解，但是要想让伤害自己的人被绳之以法，受到应有的惩罚，可能就需要经历这些。我收到过一些受害的姑娘把整个过程记录下来的私信，她们把这样的经历分享给别人，鼓励大家千万不要隐忍，扛过去就会好起来，不然将来想起来也有可能无法原谅自己。

酒后乱性是真的吗

你肯定也听过"酒后乱性",说句难听的话,这也就是欺负酒精不会说话,完全甩锅给喝酒这件事。所以,我更想问:"到底是蓄意为之,还是故意耍流氓呢?"

哦,这好像是一个意思。

出于严谨的态度,我们需要先了解一个专业概念——血液酒精浓度(BAC)。开车的人可能对这个概念很熟悉,酒驾查的就是这个。有研究人员做过大量的实验,发现人体在不同的血液酒精浓度下会有不同的行为和损害。请看下面这张表(表4)。

表4 酒精的阶段性影响表现

BAC(%体积)	行为表现	损害
0.001~0.029	平均感觉正常	特殊实验可探测到些微效应
0.030~0.059	温和的欣快感 松弛 快乐 多语 抑制力下降	专注力受损
0.060~0.099	钝感 疼痛敏感度降低 欣快感 无抑制力 外向	推理能力受损 深度感知能力受损 周边视觉受损 眩光视觉恢复能力受损

续表

BAC（%体积）	行为表现	损害
0.100~0.199	语言表达欲望变强 喧闹 恶心及呕吐的可能性	条件反射变慢 反应时间变长 迟缓的运动控制能力 步履蹒跚 口齿不清 暂时阳痿
0.200~0.299	恶心 呕吐 情绪波动 愤怒或悲伤 失去部分理解能力 感知受损 力比多下降 可能陷入昏迷	严重的运动能力受损 失去意识 记忆空白
0.300~0.399	不省人事 中枢神经系统抑制 失去理解力 失去意识 可能致死	膀胱功能受损 呼吸困难 身体平衡失调 心率不齐
0.400~0.500	严重的中枢神经系统抑制 昏迷 可能致死	呼吸困难 心率不齐 体位性酒精性眼球震颤
>0.50	高风险中毒 致死高度可能性	危及生命

这个图表有点抽象，咱们来举个例子：一名体重75千克的成

年男性，在确保他代谢功能正常的情况下，按照啤酒度数是 5 度来换算，2 小时内喝了 4 听 350 毫升的啤酒后，该名男子血液中的酒精浓度是 0.0289%。

也就是说，他在这个时候的行为表现基本上跟没喝酒一样。虽然开车上路肯定是不行的，但从生理层面来看绝对可以进行性行为，就算在床上口算鸡兔同笼的问题都不在话下。

此时，他如果以喝酒的名义为自己不负责任的性行为开脱的话，基本上就是明目张胆地耍流氓了。

如果继续喝下去，从生理层面上来讲，他仍然具有性行为的能力，只不过反应会迟钝。直到血液酒精浓度超过 0.100%（暂时阳痿）之后，他才基本上丧失功能……简单来理解，就是能发生性行为的肯定没醉，醉的基本上都丧失了功能。

有人可能会说："虽然没醉，但是晕晕乎乎的，会不会不知道自己在干什么啊？"一项研究结果表明，那些声称自己喝醉了，对性行为不知晓的人，其实是在说谎，事实上他知道自己当时在干什么。

也就是说，他知道自己在犯错，也知道自己继续喝下去会失控，但他选择继续犯错，也选择继续喝下去，让自己失控，这完全是他自己主动的选择。当然，我们也可以留意一下，有些人其实完全是在装醉……

如果他面对的是随时可以把他开除或者扣除年终奖的老板,他可能这么做吗?如果他面对的是自己的母亲或其他女性长辈,他可能管不住自己的身体吗?

所以,简单来讲,酒后乱性就是蓄意为之。

"阅读"自己的情绪

前面我们讲的很多内容虽然涉及面很广，但其实绕来绕去主要还是集中在身体健康层面的讨论。到这里，我们不妨来聊一聊关于情绪方面的话题。这是我们必然会面临，但可能始终都没有人能跟我们聊的话题。尤其是在成长阶段，我们正在建立个人的认知结构，这个时候的开放式交流和讨论，或许可以让我们思考更多。

所以，这部分会从个人情绪这一角度来聊一聊。需要说明的是，在这里更多的是分享我自己的所思所想，答案并不是完全正确的，也不是固定不变的。希望大家不要完全照搬，期待我们可以共同走完这段沟通的道路，我们都变成更加完整的自己。

经常有人说，要管理自己的情绪。这带给我们的感觉就是：情绪是需要管理的。

一旦有了这样的感觉，我们就会下意识地觉得情绪是不服管教的，不然为啥需要管理呢？这一开始就把情绪放在了一个失控的位置，其实无形中也把有情绪的自己放在了一个失控的、不服管教的位置。

这常常让我们陷入矛盾，一方面有各种各样的刺激让我们产生相对应的情绪，另一方面我又觉得产生情绪的自己需要控制这些情绪。

对于年轻的我们而言，这不是难不难的问题，而是没道理的……我们的高兴、难过、愤怒、嫉妒、羡慕、失落等情绪都是客观存在的，它们是不分好坏的。当我们不分青红皂白地管理我们的情绪时，似乎就站在了自己情绪的对立面，而没有认真"阅读"一下自己的情绪：它们是因为什么产生的，又将"流淌"到哪里去？

哈哈，我虽然在讲这些，但是大概也是经历了三个阶段，才慢慢懂得要去"阅读"自己的那些情绪，让情绪从自己的身体里"流淌"过去。下面简单说说这三个阶段。

第一个阶段：坦然地承认并接受自己真实的情绪

高兴就是高兴，难过就是难过，无感就是无感。"看到"这些情绪的客观存在远比管理它们要重要得多，因为在现实生活中，我们内敛、隐忍的文化习惯常常让我们忽略自己真实的情绪。所以，久而久之，我们变得"看不到"自己的情绪，甚至有时候都不知道自己所表达的情绪是不是真的能够代表当下的自己。想改变这种情况，我们就要很认真地观察自己的情绪。我们要问自己："现在感受到的情绪到底是什么？"也许自己内心的答案才是最真实的。

第二个阶段：尽可能坦诚且准确地表达出自己的情绪

其实我自己在这个阶段待了很久，因为随着我们不断长大，产生的很多情绪是混在一起的，而且常常是复杂多变的，所以我们总是很难将情绪说清楚。就比如在我小时候，父母在外地工作，偶尔周末回来看我和弟弟。他们每次回来都会带很多好吃的、好玩的，我们自然很开心。当时，我能感觉到我们的开心中还混杂着一些难过或担忧，就总是下意识地让自己不要太开心。后来我才明白，原来那时候的难过是因为这次见完没几天，父母又要走了，下次见面还不知道是什么时候……现在的高兴越强烈，分别的难过也就越强烈，所以只好让自己不要太高兴，这样他们走时我就不会太难过了。

当然，这也是我长大之后才慢慢弄清楚的，我在写这本书的时候也会有自己真实的情绪产生。比如，我始终带着一些担忧，担心自己写的内容没有办法真正帮到你，担心在你重要的成长阶段，这些内容不能在你心里生根发芽，让你远离那些疾病和伤害。

我现在这样表达自己的情绪已经比以前自然多了，你也可以试试看。虽然刚开始可能很困难，没有办法抽丝剥茧，没有办法清晰、准确地表达，但是没关系，你还可以回到第一个阶段去认真"读一读"自己的情绪，每一种高兴都不一样，每一种难过也都不一样，不信你再体会体会。

第三个阶段：等我慢慢可以准确地表达出自己的情绪之后

我开始追问自己的那些情绪，从最简单的喜怒哀乐入手："喜是因为什么喜？怒又是因为什么怒？"

我慢慢发现，喜乐来自从无到有、从小到大、从少到多、从窄到宽等一系列向好的变化，进而我知道了保持喜乐的方式就是始终掌握向好变化的主动性。比如，对于这本书，刚开始我只有一个想法，已经写到了现在，我那种焦虑也好，担忧也罢，都在慢慢向好变化。现在，我已经开始迫切地希望这本书可以尽快到大家手上了。

同时，我也知道了愤怒和哀伤常常来自无能为力、束手无策、举步维艰、觉得前路黯淡等一系列不能让事情发生变化的无力感，相信你肯定也常常有这种感觉。就像我前面讲的那样，我想让父母陪在我们身边，但我没有办法让他们真的一直在我们身边，因为他们要工作，也需要养家糊口。作为孩子的我，真的无能为力，只能自己生气、愤怒、哀伤。

慢慢弄懂了这些简单的情绪之后，我开始追问自己很多建立在简单情绪之上的复杂情绪，比如嫉妒、羞愧、后悔、羡慕、自卑、骄傲……因为这些情绪都来自那些简单情绪的相互作用。

比如嫉妒，我理解的嫉妒是在某一个阶段，出现了别人有而我没有的情绪。然而，这在我们日常生活中太常见了。我们的喜悦是在从无到有的过程中产生的，每个人开始这个过程有早有晚，所以必然会经历我才刚刚起步，别人已经走了很远的情况，由此会产生嫉妒，这很正常。但是，如果长期保持这个状态，就会很消耗精力。所以，我在"看到"自己这种情绪后，常常选择看向自己，尽量不去跟别人比较，而是跟过去的自己比较。只要比昨天进步了一些，自然就会重新体会到喜悦。

总之，在这样一步步追问下，我弄清了自己很多情绪的"来龙去脉"，这反过来让我更容易表达清楚自己的情绪。在这样正向反馈的激励下，我又开始去"阅读"家人和朋友的情绪，感受那些真实情绪的起承转合，这对彼此的交流有很大的帮助。

所以，当有人问我该如何管理自己的情绪时，我都会说："对我们自己真实的情绪好一点儿。"那些情绪都是我们自己在跟自己对话呢，别老想着管理那些情绪，而是要学会跟自己共情，学会识别、"阅读"、表述、追问自己的情绪……等有一天，你弄明白自己的情绪了，或许才能照顾好自己身边人的情绪。

如何面对自己跟别人的不同

在成长的过程中,我们总会有那么一些阶段发现自己跟别人不同。是的,有很多不同之处。但是,你又能非常明显地感觉到自己对别人各种不同的态度是不一样的。有时候,你希望自己跟大家一样,不同则意味着格格不入;有时候,你希望自己跟大家不一样,不同意味着你是大家的视觉焦点。

其实,这些情况和人们在面对身体健康时的表现类似。有时候,你会很好奇别人的月经是什么颜色,特别害怕自己的跟别人的是不一样的,好像只有都一样才能说明自己是没问题的;有时候,你生病时需要治疗,你又会希望自己跟别人不一样,你可以好得更快一些。

还有很多事情也是如此。外在的,比如我们的身高、体形、皮肤、头发、样貌,每个人都不相同;内在的,比如我们对于健康、情感、金钱、身体、隐私等的看法和理解也都是不同的。从时间上来讲,下一秒的我们可能就已经跟上一秒的自己不同了。总之,我们可能需要一套逻辑来面对各种不同。

在这里,我还是把自己在面对不同时所经历过的四个关键阶段分享给你,或许可以给你一些灵感。

第一个阶段：我很在意别人跟我是否相同

希望可以寻求同类。因为群体总会给弱小的我们提供很多力量，所以身处群体中的我们总感觉会更加强大，也因此很在意自己归属哪个群体。

第二个阶段：我很在意别人跟我是否不同

当我们寻找到同类后，自然就会发现很多跟自己不同的人。这个时候，我们往往会通过排斥不同来确认自己的存在，因为只有在排斥不同时才最有力量。

第三个阶段：我不在意别人跟我是否相同

到了这个阶段，我开始从群体中剥离出来，因为我发现任何群体中都充斥着各种不同。所以，我们还是一个个独立的个体。我开始"阅读"和观察自己，从自身中获得力量，而不再需要从群体中获得力量。

第四个阶段：我不在意别人跟我是否不同

慢慢成为独立的个体后，我发现自己既不需要从群体中获得力量，也不需要通过发现别人跟自己的不同，或者对抗、排斥那些不同来体现自己的力量。我把精力和时间更多地放在了自己身上。

我其实不太清楚这四个阶段你是不是都会经历,但是我整体感受下来后认为,这样的经历对我很重要。我开始坦然地面对自己身上很多特有的地方,那些看似跟别人不同的地方恰恰成就了完整的我。

我很喜欢这样的我,一个跟任何人都完全不同的我,也希望你能喜欢跟任何人都不同的你自己。

如何看待别人对你的评价

这是我们经常会在意的一件事情,我在青春期的时候也非常在意。有些人的评价真的很伤人,而且越是伤人,我们可能就越在意。与此同时,如果能获得一些好的评价,我们也确实会发自内心地开心。

如果现在"阅读"情绪的话,那种开心确实是真实存在的,是自己的闪光点被发现、被肯定的开心,就好似自己的努力和付出都有回报的感觉。就像我扫了地之后,自然是希望母亲夸我参与家务劳动了;就像我考了好成绩之后,自然是希望老师夸我最近的努力没有白费。

评价真的很容易牵动我们的情绪:如果获得了预期的评价,我们就会开心;如果没有达到预期,我们就会难过。但是,你有没有发现,好像评价都是由别人给的,这也就意味着我们情绪的好坏完全由别人决定。比如,如果我扫了地,不仅没有获得夸奖,反而还被批评浪费时间去扫地,没有学习;我成绩进步了,而老师却夸了别的进步比我大的同学……那我真的会很难过。

所以,在我慢慢成长的过程中,我发现别人的评价都是很明显地带着那个人主观的看法和理解的。比如,我现在身高是 1.71 米,如果站在比我高很多的人面前,我就会被评价为比较矮。但是，如果我站在比我矮很多的人面前，我就是高个儿了。

这里就涉及两个很关键的概念——客观描述和主观判断。

前面我说过我的身高是 1.71 米，这是可以通过测量得到的数据。无论由谁来量、在哪里量、什么时候量，基本上都是这样的数值，这就属于客观描述。类似的还有我的体重是 66~68 千克，这就意味着我的体重在很长一段时间内都在这个范围内。总之，这类不受外界条件、环境、时间以及个人主观因素影响的描述，就是客观描述。

而主观判断则是非常明显地带有个人视角的判断，因此在外表方面就会出现对于高矮胖瘦的评判，对于美丑、好坏、善恶的评判等，这些都跟做出评判的人有着密切的关系。曾在一本书里读到一个国外很早以前做的实验，我试着大致复述一下。

在一个很大的宴会厅里，正在举行一场活动，在场有 40 位参与者。当活动进行到一半时，突然冲进来一个小丑，他慌乱地往前跑，后面紧跟着一个拿着棍子的人。两个人在大厅中间扭打了起来，随后保安进来把这两个人带离宴会厅。

接下来，一个扮演警探的人要求在场的 40 位目击者如实地写下自己所看到的整个过程。

实验结果让人十分惊讶，其中仅有 1 个人的描述与事实之间的误差在20%以内，其余人的描述均存在不同程度的偏差，其中有13个人的描述误差在50%以上……最终确定下来勉强符合要求的描述只有6份。

而更令人惊讶的是这40位目击者不是随机人员，而是经过层层筛选、在观察方面很出色的人……并且，绝大多数人都认为自己记录下来的信息就是刚刚发生的真实事件，并对此深信不疑。

他们中的很多人用自己的想象、认知构建了很多虚拟的信息和情节，甚至对人物特征、表情动作都进行加工和修饰……并坚持认为这就是真相。尽管事实与描述存在明显的差异，但他们还是倾向于往自己构建的事件上靠近。

这是一个很有趣的研究，也从侧面向我们展示了，想做到客观、准确地观察本身就是非常困难的。正因如此，不带观点和不予评价的观察才是人类智力的最高展现形式。

说到这里，我不得不说一下我为什么要讲这些东西。我原本只是想讲讲关于身体羞辱的事情，就是有的人会说别人胖、黑、矮、丑等羞辱别人的话，然而这些都是人们自己的主观判断。这种判断其实是非常没有意义的，但我们在生活中又不得不面对这些评价。那我们该怎么办呢？

答案很简单也很难，那就是建立自己的评价标准。

比如体重，在我的评价标准里没有胖和瘦，只有健康或不健康。只要我的身体质量指数（BMI）在健康范围内，我就认为自己是健康的，至于别人说的那些，我并不关心。

如果我们有了自己的评价标准，那么别人的那些评价，嗯，就随它去吧……

我们该如何处理亲密关系

这里的亲密关系是指广义上的亲密关系，不仅仅是自己跟伴侣之间的关系，还有自己跟兄弟姐妹、父母、朋友之间的关系，我们在这里暂且都称之为亲密关系吧！

虽然研究亲密关系并不是我的专业，但是很多亲密关系出现问题之后往往会反映到健康层面，因此情感也成了影响健康的因素。为此，我没少琢磨这些事情……在这个过程中，我发现一个普遍存在的问题：很多人对某些情感关系存在误解，这种误解的产生可能是受影视文学作品的影响，或者是因为缺乏情感教育。总之，我们面对爱情、亲情、友情等亲密关系时常常会脱离实际，抱有超乎人之常情的想象。然而，当这些想象碰上冷冰冰的现实时，我们总是会"头破血流"。

我这样说出来难免显得冷血无情，但任何人际关系无论深浅、远近，本质上都是人与人之间的关系，都是一个独立个体跟另一个独立个体之间的关系。而个体都是普普通通，有自己思考逻辑的人，人与人既有相同点，又有不同点。

那些相同点就是我们在这里要讲的亲密关系里的——底层逻辑。哦，这个词我也是从别的老师那里学来的，是指可以在不受各种个体因素、应用场景等影响的情况下，尽可能接近本质的逻辑。

在各种人际关系（包括亲密关系）中，归纳下来，通常有可能存在两个最基本的底层逻辑。

第一个叫回报预期

人最稀缺的资源是时间，因为时间是不可逆的，而且对于每个人都是公平的，所以在任何花了时间的地方，我们总会对回报产生预期。比如，大家可能都知道的一万小时定理。就是说练习某项技能超过一万小时之后，你就会有质的飞跃。所以，相信这句话的人都期待一万小时过后，自己的某项技能得到飞速提升。

同样，投入一段关系后，本质上也会对回报有预期……只不过，有的人要的是短期回报，有的人要的是长期回报；有的人要的是预支回报，有的人要把回报预存；有的人明说，有的人在暗地里想着。

不管你承不承认，对于回报的期待都是客观存在的。就像你花钱买了这本书，又花时间看了，总还是期待可以有所收获的。如果你完全没有期待，或者你还没弄清楚自己的期待，那么很可能你完全不会去看，对吧？

所以，当投入某段感情时，你需要弄清楚自己的回报预期是什么。当你看到对方在付出时，也需要弄清楚对方的回报预期是什么。注意，不要听彼此说什么，要看彼此真的要什么（有的人内心有回报预期，但自己意识不到）。

比如，你花时间陪伴侣去做了对方想做的事情，你需要弄清楚你这么做的回报预期是什么。是希望对方也陪你去做你想做的事情，还是只要对方开心，你就觉得自己的付出获得了回报呢？

类似这样的事情在亲密关系中很常见，常常因为彼此都没想清楚，所以出现了期望错位的问题。就像父母给我们买玩具，有时候是希望激励我们在学习上获得更好的成绩，有时候就是单纯看我们很累，想让我们放松放松……有时候，他们不说，但是他们内心会有这样的期待。

第二个叫等价交换

如果你可以理解回报预期，那大概就能明白等价交换的概念。毕竟当亲密关系中的双方明确回报预期之后，剩下的就是交换了。只不过，交换的时机在每一段关系中都不相同。

比如，父母和子女之间的交换是跨越整个生命周期的。父母在前期对子女进行抚养、教育等投入，等到他们老了再由子女赡养、照顾等。

又如，在跟伴侣交往时，双方之间的交换是在两个人共同认定下的等价交换。虽然可能是旁人看似不对等的交换，但只要双方都认可，那基本就是成立的。当然，这也只有双方才能评价。

只不过，相比较而言，爱情或婚姻中的等价交换更加及时和灵活一些。但是，人们总觉得在这些事上谈交换显得很不浪漫、不伟大、不轰轰烈烈，这样斤斤计较的感情能长久吗？

其实并不是这么来理解的，恰恰是越亲密的关系，对于即时的等价交换需求越低。有时候是你付出了，不着急让对方回报，而是从内心知道对方一定感受到了你的付出，并且你们也会在之后更长的时间维度上达成等价交换。

你在一段感情里获得了什么，付出了什么，最终都是趋于等价的。不过，这也不是你现在就必须弄清楚的事情，可以在之后慢慢去理解，时间都会记录下来。

总之，亲密关系很显然要比我讲的这些复杂很多。毕竟我们只是讲了一些相同点，另外还有很多不同点，你只能在实际生活中慢慢体会，慢慢归纳和总结。

如何面对情感暴力

"情感暴力"是近些年被频繁提起的词，主要是指通过非身体攻击的手段对受害者进行心理和情感上的攻击，也叫心理暴力。因为这种情况有可能出现在家庭、学校等地方，同时等我们踏入社会，会发现其也在职场中出现，所以我们有必要在早些时候就能学会识别和干预，尽可能减少情感暴力对我们的伤害。

在这之前我讲了"阅读"情绪、认识不同、看待评价、探讨关系，这一步步走下来，就是希望我们能够识别出那些针对我们心理和情感的暴力及伤害。而且，只要我们能真正弄懂其中的逻辑，就能从根本上减少情感暴力给我们造成伤害的机会。

一般来讲，在不同地方的情感暴力会有其明显的特征。下面说一些我们可能会遇到的情况。

家庭中

家长有时候会限制我们的行动自由，有时候会对我们进行诋毁、嘲弄、威胁、恐吓、歧视、排斥、敌对、冷漠。情感暴力可能就发生在兄弟姐妹之间或子女和父母之间，往往会让我们陷入两难的境地。他们一方面是与自己朝夕相处的亲人，另一方面又是真正刺痛我们内心的施害者。

学校里

在学校里，其实也存在诋毁、嘲弄、威胁、恐吓、歧视、排斥、敌对、冷漠等情况。这些情况有时候发生在学生之间，有时候发生在老师和学生之间。在是非观念还没有完全构建完成之前，很多人很难认识到正在对别人实施伤害，或者正在承受伤害。

这两个地方之所以很容易存在情感暴力的一个核心问题就是，能够帮助你的人恰恰就是施害者，或者是对于伤害视而不见的人，比如父母、老师等长辈。这些人应该是保护我们免受伤害的人，现在却无法为我们提供帮助，甚至可能还是伤害的来源。

这让我们陷入孤立无援的状态中，长期持续的伤害，对于一个正处于生长发育阶段的孩子来讲，真的太不好了。仅靠自己努力常常是不够的，而且我们会有无望的感觉。

所以，这也是全面性教育中重点强调的地方，对于老师和家长的教育显得至关重要。同时，也要让孩子学会"阅读"、表达自己的情绪，正确看待自己与别人的不同，理性对待外界的各种评价，建立属于自己的评价标准，进而在很多关系中做到：不伤害别人，不被别人伤害，也不伤害自己。

如何看待情感绑架

情感绑架在日常生活中很常见。简单来理解，就是用情感道德、关系存续以及共有秘密等，对你进行"绑架"和威胁，让你无法拒绝对方的要求，不得不去帮助对方实现他的目标。你无法去做自己想做的事情，甚至最终不得不放弃你想做的事情。

这种情况常常出现在自我认同度比较低的人身上，他们总觉得自己这里不好、那里不行，这也不对、那也欠缺，需要来自伴侣或者家人的肯定和鼓励，才能认同自己。这就需要他们不断地去迎合别人的标准，因为只有达到了别人的标准，他们才能获得自己想要的鼓励和肯定。

如果对方察觉到这种情况，则有可能会不断加码，让他们去做越来越难完成的事情。在这个过程中，他们常常会因为迫切地想完成对方给他们的任务而忽略了这个过程可能给他们带来的伤害和损失，从而每天都生活在患得患失的恐慌中。

在这样的处境下，他们会感觉自己被压得喘不过气来。这种情况在亲密关系中会有很明显的体现。

举个例子，伴侣想让你为他做一件你不愿意做的事，而你想拒绝。这个时候，对方可能会有很多种说法，来让你觉得好像拒绝他是不对的，只有满足对方才是正确的。

"你不同意,就是不爱我!"

这里就出现了一个问题:对方在把你愿意为伴侣去做一件不喜欢的事情作为判断你爱与不爱他的标准。如果这次为了证明你是爱对方的,你做了这件事,则有可能下次对方就会有更加严苛的标准出现,而你可能要不断证明自己是爱对方的。但实际上,让你去做你不喜欢的事情,并且不断加码,恰恰是对方不爱你的表现。

总之,我们都有可能处在某个对自己的价值很模糊的状态,很希望通过别人的评价来证明自己的价值,但我们要始终清晰、理性地提醒自己:我们要有自己的标准,来定义自己的价值,而不是由其他任何人来定义我们。

如何切断一段糟糕的关系

有人说，我们生活中的很多痛苦都来自糟糕的人际关系，而其中很大一部分痛苦就是想结束这段关系却无法结束所带来的。

所以，我们真的有必要来聊一聊这件事情。

首先，如何定义一段关系是糟糕的呢？每个人都有自己的判断，在这里我确实无法精确地判断每段关系具体糟糕在哪里。那谁能判断呢？

你。是的，你自己。只有你自己可以判断你到底是在一段糟糕的关系中，还是在良好的关系中。你可能会问："那我自己怎么判断呢？"

也不复杂，就是根据自己真实的感受来判断。你只需要问自己一个问题："我是不是真的喜欢在这段关系里的自己？"

哈哈，你看，一上来都是各种问题，但是最终还是回归到自己的感受上。有时候，我们一个人的时候都是好好的，一旦进入某段关系就像变了一个人，甚至有时候都不认识自己了。你可能会因为对方的一句话、一个眼神而难过很久，可能会因为对方的冷漠和忽视而觉得自己失去了价值……在这样的状态里，你开始不喜欢自己，开始没那么在意自己的感受。那么，你有可能就正处在一段糟糕的关系中。

当你真正结束不良的关系之后，会发现自己有一种如释重负的感觉，好像压在胸口的石头突然消失了。那种感觉你一定要记清楚，那才是你原本就应该有的样子。在不伤害任何人的基础上，你保持你自己喜欢的样子，这本来就没有什么错。如果有人不喜欢这样的你，或者无法包容和接受这样的你，那你为何要跟这样的人继续保持这段关系呢？

接着来说一说切断不良关系的问题。

坦率地讲，这里的切断有主动切断，也有被动切断，其实最典型的方式就是——分手。不知道看到这里的你有没有体会过分手的感觉，有时候分手的那一瞬间就好像失去了全世界，所有既往的一切好像突然都消失了。那些共同经历，那些情感细节，那些生活习惯……都发生了巨大的变化。

并不是所有人都能处理好这种变化，换句话说，我们人类本来就很讨厌变化。如果可以保持不变，就没有人会选择变化，因为变化意味着失去，意味着重新开始，意味着面临风险。所以，有的人会选择逃避，有的人会选择伤害自己，有的人甚至会想放弃自己的生命。

当自己喜欢的人跟自己提出分手时，有的人甚至会陷入过度自我否定中，总觉得好像是自己做错了什么事情，带着这种情绪就很容易变得消沉和低落。事实往往并不是单一方面的问题，或者说一段关系无法继续下去并不是双方有问题，而是双方确实没有把这段关系中的问题处理好。

注意，一段关系的结束不代表在"你VS我"这场对决中谁输了，而是一方或双方选择在"我们VS问题"这场对决中不再继续投入精力和时间了。那些问题可能永远也解决不了，那我还要继续死磕下去吗？

我要么选择换队友，要么选择换问题……总之，人生的路很长，一段关系并不能代表什么。回过头，你就能看到自己身体健康、脑袋灵光、能吃能喝，身边还有亲人和朋友，还有很多你想做的事情。

世界还在，你还是你，还可以继续自己的生活。

如何做自己

我们上学时都学过，没有绝对的自由，自由总是有些边界的。当你提到要做自己的时候，总会有一大堆人说你不能完全由着自己的性子来，不能想怎么着就怎么着……进而还会有人对你指指点点，今天说你这么穿衣服不行，明天说你这种头发的颜色不行，后天又说你走路的姿势不对。唉！就好像不管怎么做，都会有人挑出毛病来。

那我们就有必要想想看了，是要这样一辈子活在别人的指指点点里，还是建立自己的标准，活成自己喜欢的样子？

首先，我们做自己之前要先接受自己，温和地、包容地接受自己身上的全部

你不能只接受自己美好的一面，而抵触另一面，人就是多面、复杂且变化的。我们不完美，也不必事事完美；我们不勇敢，也不必时时勇敢；我们可以被喜欢，也可以被讨厌。

这些都是我们本来就要面对的事情，我们管不住别人的嘴，但可以改变自己对待事情的方式。

其次，在接受真实和全面的自己之后，我们尝试探索自己的边界可以到哪里

事实上，我们内心都有朴实的善良和正义感，所以我们自然而然就会希望在做自己的同时不伤害别人，同时也不被别人伤害，更重要的是我们也不伤害自己。这里的伤害是指身体和心理上的伤害，我们通过前面的学习已经可以很清晰地辨认出那些伤害到底是什么了。

最后，需要建立和积累做自己的条件

这是个很简单的道理，我们想保护自己，就要学习保护自己的知识和技巧。同理，如果我们不想任何人受到伤害，就应该了解那些伤害，同时努力减少伤害发生的概率，而且还要做好随时承担和应对伤害的准备。

你看，当你把这些事情都想明白之后，就能非常清楚地知道自己要做什么和不做什么了。不害怕，不焦虑，踏踏实实地走好自己的路。

恭喜你，你现在已经是一个"成年人"了。

结 语

我思索了很久，在最后要跟大家讲点儿什么。思前想后，我决定来跟大家聊一个问题：受教育的意义是什么？

你肯定会有你的答案，比如受教育是为了获得知识，或者是为了获得学历、找个好的工作，或者是让自己到更多的地方去看看，抑或是让自己懂得更多的道理……我在读书的时候也有过类似的想法。

但是慢慢地，很多过去看似很重要的意义都在不断"剥脱"。当我回头看的时候，我发现受这么多年教育后，真正获得的只有一点：受教育让我走在了拥有更多选择的人生道路上。

其实，我不是一开始就想明白这一点的。当然，现在也未必就想清楚了，只不过我当下的感觉是因为受过教育，我才有机会看到人生道路上的很多选择。在这里，我就不得不给各位分享一些我个人的经历以及感悟。

我原本是一名北京三甲医院的妇产科医生，如果按部就班地工作的话，现在应该是一名主治医生了。但是，在工作了几年之后，发现除了可以在临床上帮助患者，我还可以通过做科普的形式帮助更多的人。那些人可能没有机会接触医生，也没有很多人给她们讲那些知识点。等遇到问题的时候，她们才发现，"哎呀，要是有人早点儿给我讲这些事情该多好啊"。

所以，我就开始在网络上写科普知识。慢慢地，就有越来越多的人来看这些内容。在这快十年的科普过程中，不止一个人给我发私信表示感谢，感谢我让她看到了更多选择。

其中有一条私信说感谢我科普了那些避孕方法，让她发现，原来吃紧急避孕药并不是常规避孕方法。这让她在无形中找到了适合自己的避孕方法，降低了意外怀孕的风险。让生活中多很多选择，我们就可以不因那些意外而被迫改变自己的人生轨迹。

我们通过学习、认知和积累，看到了更多可能性，看到了更多不一样的选择。比如，有姑娘会分享自己在学习过程中慢慢建立了信心，发现过去很多人说的女孩子学不了理科其实根本就不对，自己不仅学得很好，而且在职业上也有更多选择的空间。她选择了自己喜欢的专业，毕业之后还去了自己喜欢的城市做着自己喜欢的工作，过着自己喜欢的生活。

而这一切选择的机会，就是教育的意义。

好了,到这里就该结束了。我能陪你走的这段路就到这里了。我还有我接下来的路要走,你也要走你接下来的路了。天地广阔,大有可为,加油!

我是六层楼,我爱这个世界。

附录：77条健康常识

第一章 重新认识我们的身体

1. 如果你从第一次来月经开始就有痛经的情况，最好在家长的陪同下去医院检查，让医生帮忙判断你是原发性痛经还是继发性痛经。这两种痛经的处理方法不同。

2. 如果你在下次月经来之前的一周左右出现了难以忍受并持续存在的腹腔内剧烈疼痛，那我高度怀疑你是黄体囊肿破裂，请马上去急诊。

3. 多囊卵巢综合征并不可怕，自己吓唬自己才可怕。你需要明确诊断、积极应对，大多数时候，它对你的影响并不像你想象的那么大。

4. 实际上，对于每个青春期的女孩或者年轻女性来讲，遇到卵巢早衰终究是小概率事件，害怕衰老却是普遍存在的，这是人之常情。

5. 卵巢周围有稳定的骨盆，约等于把卵巢放在了保险柜里，因此卵巢并不需要额外保养，尤其是不用从外向内的所谓人为主动的保养。

6. 市面上的卵巢保健品大多含有不明含量的雌激素，盲目使用反而会增加患病的风险。

7. 一般来讲，如果16岁之后还不来月经，就需要去医院查一查，因为有可能存在其他问题。

8. 子宫内膜息肉基本上以良性为主，在极少数情况下有恶性的可能，所以就算真的遇到了也不用太担心。

9. 我们的母亲和其他女性长辈都处在子宫肌瘤的高发期，因此一定要记得提醒她们去做妇科B超检查。

10. 如果发现低级别的宫颈病变，有70%~80%的概率是可逆的，一般在一两年内就可以恢复正常。

11. "宫颈糜烂"这个词已经从教科书上消失了。它不是一种疾病，也不用治疗。这是正常的生理变化，学名是宫颈柱状上皮异位。

12. 外阴的形态没什么统一的标准，也没什么规定模板，所以我们不必因为跟别人的不一样，或者与自己想象的不同，而感到羞耻或尴尬。

13. 雌激素的增加会让黑色素更多地沉积在我们的私密部位，比如大阴唇、小阴唇、乳晕、乳头、大腿根部等，这是正常的生理现象。

14. 阴道瓣，也就是大家经常说的"处女膜"，它不是一层膜，而是阴道中的结缔组织形成的瓣。通常在来月经之前就已经存在孔隙了，方便排出月经。

15. 有相当一部分人第一次性生活并不会出血，因此不能以是否出血来判断性经历。在医生眼里，出血意味着破裂感染的风险增加。

第二章　万千少女的小问号

16. 如果乳房出了问题，或者担心乳房有问题，你就可以去挂乳腺科的号。

17. 在大多数情况下，8~9岁的女孩开始出现乳头突出的情况；13~16岁这个阶段是乳房发育的高峰期，此时乳腺开始生长，脂肪开始堆积，乳房慢慢形成一个半球状；16~20岁这个阶段，乳房进入慢慢发育成熟以及定型的阶段，等到20岁以后发育就停止了。

18. 影响乳房大小的一个因素是遗传，另一个因素跟自身脂肪多少相关。如果是腺体型乳房，可能跟腺体的多少也有一些关系。

19. 如果你正处在乳腺发育的阶段，那么乳房里硬硬的部分就是正在发育的乳腺。对此不用太担心，也不用去挤压或排斥它。

20. 按摩不仅不会让乳房变大，还有可能带来风险，可能会伤害乳腺健康。

21. 我们身体上没有完全对称的成双成对的器官和组织，所以乳房也是不对称的。这种不对称才是人体的常态。

22. 每个人的乳头、乳晕，包括整个乳房的形状、颜色、大小都是不同的，那是属于你的乳房。

23. 如果发现有乳头凹陷的情况，请及时就医，让医生判断是否需要治疗。

24. 乳晕上的小颗粒是蒙氏结节，主要跟体内的雌激素、孕激素的变化相关。不痛不痒的话不需要特殊处理，如果出现红肿热痛痒的情况，就可能有炎症了。

25. 副乳分为先天性副乳和后天性副乳。先天性副乳最主要的解决办法是做手术，后天性副乳的解决办法就是减肥、选择适合的文胸和调整体态。

26. 从目前学术界和相关指南的建议来看，不建议大家进行乳房自检，很容易因为不了解而制造不必要的焦虑，建议定期做乳腺 B 超检查。

27. 尽早穿上适合自己的文胸，对于发育和健康来讲都有很大的正向意义。

28. 经血的主要成分就是剥脱的子宫内膜和血液，还有一些分泌物、白细胞等。所以，不要相信月经是排毒之类的说法，咱们好好的，哪儿有那么多毒啊！

29. 通常，整个经期的平均出血量是 20～60 毫升，如果整个经期出血量低于 5 毫升，则被认为经血过少，如果出血量超过 80 毫升，则被认为经血过多。若出现这两种情况之一，就需要去医院检查。

30. 缓解原发性痛经的方法有热量传导、服用短效避孕药、非甾体类抗炎药物（布洛芬、萘普生等），以及适当运动。

31. 经期前乳房肿胀、发硬是一种正常现象，主要跟体内激素水平和自身对于激素水平的敏感度相关。

32. 经期拉肚子是因为经期产生的前列腺素会刺激肠道，影响消化和排便。另外，流入盆腔里的经血也会刺激直肠，增加便意。

33. 有的姑娘在经期前会受到激素水平、皮肤皮脂腺导管开口、精神、饮食、睡眠等因素的影响，出现月经前痤疮。一般月经结束后，这种情况就消失了。如果特别在意，可以在医生的指导下使用药物处理。

34. 平均每个姑娘在初潮后 4.2 年才能形成稳定的月经周期和调控机制，所以可能很多人都要面临很长一段时间的月经不稳定。

35. 月经稳定与否，主要取决于间隔时间是否稳定。只要两次月经间隔时间在七天内波动，都是规律的。

36. 如果连续三个月经周期都出现了排卵期出血的情况，就有必要找医生做性腺六项检查和妇科 B 超检查。

37. 如果连续三个月经周期都出现经期过长的情况，可以考虑去医院看看，让医生判断是否存在其他隐患。

38. 经血流出体外后颜色发黑并结块是正常现象，不用担心。

39. 月经期间体重增加可能跟水钠潴留相关，通常月经后就会缓解。

40. 最接近真实体重的是月经结束后第二天早上空腹时称的重量。

41. 平时吃着没事的东西，在保持稳定量的情况下，大概率在月经期间吃也没事。

42. 经期不推荐做增加腹压的运动、剧烈运动和骑跨类运动，但可以进行适量的有氧运动。

43. 经期可以洗澡、洗头，但不推荐盆浴或坐浴，尽量选择淋浴。同时，请注意保暖。

44. 因为存在出血的风险，所以通常月经期间不建议做手术，急诊手术除外。

45. 评估白带是否异常的关键不是颜色或气味，而是你是否感受到红肿热痛痒，并且症状是不是持续存在、不断加重。

46. 建议每晚用清水擦洗外阴，并保持外阴干燥、清洁，避免冲洗或灌洗阴道。

47. 女性使用私处护理洗液不仅不会更健康，反而会有更严重的炎症感染风险。

48. 内裤和袜子不是必须分开洗，但一定要保证：身体健康，无足癣、外阴无瘙痒等不适症状，内裤和袜子每天更换，在清洗的过程中做到充分消毒，并能充分晾晒。

49. 建议每天都更换干净的内裤，必要的话可以考虑穿一次性内裤。

50. 尽量选择透气、吸汗又相对宽松的内裤，这样有助于营造良好的外阴环境。

51. 外阴长痘痘往往是外阴清洁不彻底、不及时，或长时间局部卫生环境欠佳导致的。

52. 阴道排气是正常现象，通常跟阴道壁贴合不紧密导致气体进入有关。

53. 如果出现了阴道出血、白带异常、急性下腹痛和慢性下腹痛、外阴瘙痒、下腹部有肿块等情况，可以和家长沟通，及时去医院就诊。

54. 如果去看妇科，建议在妈妈或其他女性长辈的陪伴下，于月经结束后，穿宽松、方便穿脱的衣服和平底的鞋子到医院就诊。

55. 不建议向医生隐瞒自己的疾病和问题，否则可能会影响医生的诊断。如果实在不方便讲，可以让家属在门外等候。

56. 很多医院的门诊或挂号处都会张贴医生的照片，可以让妈妈帮忙选择你可以接受的医生，也可以跟分诊台的护士大方地说出自己的需求。

57. 就诊时如果遇到男医生接诊，可以申请更换诊室或退号。不用担心，这不会对你后续的就诊造成任何影响。

58. 男医生接诊时必须有跟患者同性别的第三方在场，通常是女性护士或医生。如果你发现现场没有第三方，可以大方地提出自己的要求。

59. 就诊时选择自己信得过的医生作为伙伴一起解决或战胜疾病。

60. 没有性生活也有可能患妇科疾病，与性生活相关的妇科疾病种类在全部妇科疾病中只占很小一部分比例。

61. 如果明确诊断出妇科疾病，建议尽快治疗，不要因为其他狭隘的认知而耽误了自己的病情。

第三章 必须学会保护自己

62. 绝大多数宫颈病变或宫颈癌的发生，是长期持续感染高危型 HPV 所导致的。

63. 要不要自慰由自己决定，但要确保在安全、私密、清洁且愉悦的状态下发生。接触身体的部分尽量保持清洁、卫生，而且结束之后也需要及时清洁，频次和强度以不影响第二天学习和生活为宜。

64. 大多数人在自慰后会产生不自觉的愧疚感，觉得自己做了错误的事情，甚至会把当下身体的一些不适都归因于自慰。事实并非如此，我们不必为合理安排满足自己的生理需求而愧疚。

65. HPV 的传播途径分为直接性接触传播和间接性传播，前者为主要传播途径，因此我们要尽量避免无保护措施的性行为。

66. 感染 HPV 只能算是一种状态，并不算是病。很多人感染 HPV 后没有什么症状，在自身免疫力的作用下，8~24 个月就可以将其清除。

67. 因为 HPV 无法离体培养，所以目前没有治疗 HPV 的特效药。

68. 感染了 HPV 也完全可以正常生活，在接下来的日子里保护好自己，避免重复或多次感染。如果保持身心健康地生活，也可以帮助身体清除病毒。

69. 无论是否有过性生活，世界卫生组织都鼓励尽早接种 HPV 疫苗。

70. 接种 HPV 疫苗前不需要检查 HPV，但接种后要定期查 HPV。

71. 目前，HPV 疫苗有二价、四价、九价的，建议有哪个就打哪个。

72. 选购安全套的四个重要信息是：尺寸、厚度、材质和日期。如果对乳胶材质过敏的话，可以选择聚氨酯材质的安全套。

73. 皮埋的有效期是 3～5 年，具体以产品说明为准。

74. 任何人想触碰你，都需要征得你的同意。只要你觉得不合适，就可以拒绝，让那些行为从一开始就停止。

75. 如果有人想要你的私密照片或视频，为了保护自己的隐私，请在一开始的时候就明确且笃定地拒绝。

76. 我们要有自己的标准，去定义自己的价值，而不是由其他任何人来定义我们。

77. 我们不完美，也不必事事完美；我们不勇敢，也不必时时勇敢；我们可以被喜欢，也可以被讨厌。这些都是我们本来就要面对的事情，我们管不住别人的嘴，但可以改变我们对待自己的方式。